OS SABERES E AS FALAS
DE BEBÊS E SUAS PROFESSORAS

Tacyana Karla Gomes Ramos
Ester Calland de Sousa Rosa
(Organizadoras)

OS SABERES E AS FALAS DE BEBÊS E SUAS PROFESSORAS

2ª edição, revista e ampliada
1ª reimpressão

autêntica

Copyright © 2008 Fundação de Cultura Cidade do Recife (FCCR)
Copyright © 2012 As organizadoras
Copyright © 2012 Autêntica Editora

Todos os direitos reservados pela Autêntica Editora. Nenhuma parte desta publicação poderá ser reproduzida, seja por meios mecânicos, eletrônicos, seja via cópia xerográfica, sem a autorização prévia da Editora.

EDITORA RESPONSÁVEL
Rejane Dias

REVISÃO
Maria do Rosário Alves Pereira

PROJETO GRÁFICO DE CAPA E MIOLO
Diogo Droschi

DIAGRAMAÇÃO
Conrado Esteves

**Dados Internacionais de Catalogação na Publicação (CIP)
(Câmara Brasileira do Livro, SP, Brasil)**

Ramos, Tacyana Karla Gomes
  Os saberes e as falas de bebês e suas professoras / Tacyana Karla Gomes Ramos, Ester Calland de Sousa Rosa. – 2. ed. rev. e ampl.; 1. reimp. – Belo Horizonte : Autêntica Editora, 2014.

  ISBN 978-85-65381-55-0

  1. Creches - Recife (PE) - Estudo de casos 2. Educação pré-escolar - Recife (PE) - Estudo de casos 3. Lactentes - Desenvolvimento 4. Prática de ensino I. Rosa, Ester Calland de Sousa. II. Título. II. Série.

12-04254   CDD-372.21098134

Índices para catálogo sistemático:
1. Recife : Pernambuco : Creches e pré-escolas :
Educação infantil 372.21098134

Belo Horizonte
Rua Aimorés, 981, 8º andar
Funcionários
30140-071 . Belo Horizonte . MG
Tel.: (55 31) 3214 5700

Televendas: 0800 283 13 22
www.grupoautentica.com.br

São Paulo
Av. Paulista, 2.073, Conjunto Nacional,
Horsa I . 23º andar, Conj. 2301
Cerqueira César . 01311-940
São Paulo . SP
Tel.: (55 11) 3034 4468

APRESENTAÇÃO 9
Ester Calland de Sousa Rosa

PARTE I
UM COMEÇO DE CONVERSA

CAPÍTULO 1
HISTÓRIA DAS CONQUISTAS DOS BEBÊS E SUAS PROFESSORAS 17
Tacyana Karla Gomes Ramos

    Um enredo em curso... 20
    Informações construídas na articulação entre o observado nas viodeogravações e o referencial teórico estudado... 24
    A história dos registros... 29

CAPÍTULO 2
VAMOS OBSERVAR CUIDADOSAMENTE A CRIANÇA NO BERÇÁRIO 35
Maria Isabel Pedrosa

PARTE II
UM CONVITE ÀS DESCOBERTAS

CAPÍTULO 1
CONHECENDO A CRIANÇA NO BERÇÁRIO: SUAS TRAMAS, INVESTIGAÇÕES E INTERLOCUÇÃO ATIVA 43
Tacyana Karla Gomes Ramos

CAPÍTULO 2
UM AMBIENTE PEDAGÓGICO SIGNIFICATIVO PARA A CRIANÇA SE DESENVOLVER 58
Tacyana Karla Gomes Ramos

Construindo um ambiente propulsor das
aquisições socioafetivas de bebês 59
Temos um bebê novato! 75
Descobertas partilhadas com as famílias 76

PARTE III
OUTRAS POSSIBILIDADES DE APRENDIZAGENS NO BERÇÁRIO

CAPÍTULO 1
AS CRIANÇAS GOSTAM MUITO DE BRINCAR 81
Tacyana Karla Gomes Ramos

Brincando e aprendendo com o parceiro 82

CAPÍTULO 2
BRINCANDO E CONSTRUINDO NOÇÕES DO CONHECIMENTO MATEMÁTICO 87
Tacyana Karla Gomes Ramos

CAPÍTULO 3
AMPLIANDO RECURSOS EXPRESSIVOS 92
Tacyana Karla Gomes Ramos

Desenvolvendo a linguagem verbal 92
Aprendendo a gostar de narrativas
e desenvolvendo atitudes leitoras 97
Examinando, interagindo, se divertindo
e aprendendo através do movimento 102
O movimento em outras atividades artísticas 108

CAPÍTULO 4
EXPANDINDO SABERES DO UNIVERSO SOCIOCULTURAL 111
Tacyana Karla Gomes Ramos

PARTE IV
FLASHES DO COTIDIANO

JEITO DE DORMIR 119
JEITO DE CUIDAR 120
FINGINDO TELEFONAR 121
EMPILHANDO COM O OUTRO 122
BRINQUEDOS E MATERIAIS PARA SE DIVERTIR 123
    Brincando de casinha 123
    Manipulando brinquedos 124
    Subindo e descendo 125
    Examinando imagens de livros 126
    Brincando de contar histórias 127
    Jogando bola 127
    Entrando e saindo do túnel 128
EXPLORANDO TINTA DE MAISENA 129

PARTE V
OUVINDO RELATOS, TECENDO IDENTIDADES E SABERES CONSTRUÍDOS NA FORMAÇÃO DE PROFESSORAS DE BEBÊS

CAPÍTULO 1
AFINAL, PARA QUE FORMAR PROFESSORAS QUE ATUAM EM BERÇÁRIOS? 133
Ester Calland de Sousa Rosa
Tacyana Karla Gomes Ramos

CAPÍTULO 2
O QUE DIZEM AS PROFESSORAS DE BEBÊS SOBRE SEU PROCESSO FORMATIVO? 137
Ester Calland de Sousa Rosa
Tacyana Karla Gomes Ramos

QUEM TECEU OS FIOS E AS IDEIAS
CRÉDITOS DAS IMAGENS 146
OS PARCEIROS NA AUTORIA
DESTE PORTFÓLIO 147
REFERÊNCIAS 151

APRESENTAÇÃO

Ester Calland de Sousa Rosa

Esta obra certamente interessa a pelo menos três grupos de leitores distintos. Professores que atuam na Educação Infantil vão reconhecer nos depoimentos de colegas reflexões que ajudarão a dar sentido ao que vivenciam no cotidiano de suas intervenções pedagógicas junto a crianças pequenas, em particular, a compreender o modo peculiar como os bebês se comunicam. Profissionais que atuam na formação docente poderão identificar princípios e procedimentos adotados no curso documentado neste livro e acompanhar as decisões que foram sendo tomadas para potencializar a ação empreendida, em particular na direção de reconhecer os professores como parceiros no percurso de desenvolvimento de um olhar sensível sobre a criança pequena e sobre suas expressões sociocomunicativas. Gestores de políticas educacionais encontrarão argumentos para justificar a importância de assegurar a presença de professores nos berçários, para forjar programas de formação continuada específicos para esse grupo de docentes como parte da carga horária remunerada dos professores, para definir orientações relativas à aquisição de equipamentos e organização de espaços propícios às interações das crianças pequenas no ambiente da Educação Infantil.

A primeira edição desta publicação tinha um objetivo precípuo, que era o de registrar a experiência de formação continuada vivenciada na gestão municipal do Recife, no período de 2005 a 2008. Naquela ocasião, a gestão municipal tinha como prioridade realizar um programa de formação docente que ao mesmo tempo garantisse o direito à qualificação dos profissionais da Educação Infantil e que fosse integrado ao que se propunha para o conjunto de docentes da rede. O desafio que se colocava era o de garantir a singularidade de cada grupo de educadores reconhecendo sua diversidade de necessidades de aprendizagem, sem perder o sentido de articulação em rede e a partilha de objetivos comuns voltados a assegurar uma escola inclusiva, democrática e que respeite os direitos de cidadania de seus estudantes.

Nesta segunda edição, os objetivos da obra se ampliam. Diante de questões polêmicas no campo da Educação Infantil, o relato apresentado evidencia posicionamentos e procura contribuir para esclarecer dúvidas sobre o que deve ser priorizado numa proposta pedagógica para crianças com menos de dois anos de idade.

Um argumento subjacente a todo o texto é que o contexto educativo para crianças pequenas precisa estar direcionado por uma clara intencionalidade pedagógica, que valorize as interações entre coetâneos e que reconheça na criança sua capacidade de colaborar e configurar as diferentes atividades realizadas cotidianamente.

Além disso, ao longo do texto é recorrente a presença de exemplos que evidenciam que as crianças são capazes de se comunicar e de expressar suas vontades e preferências muito antes de apresentarem uma linguagem oral plenamente desenvolvida.

Esse modo de olhar focado nas crianças, na identificação de suas demandas e na estruturação de um contexto propício ao seu desenvolvimento e à sua aprendizagem supõe que os profissionais da educação se encarreguem de propor uma intervenção pedagógica que ao mesmo tempo seja única, flexível, e planejada, estruturada e com objetivos pedagógicos claramente definidos. Nessa proposição, ganha novo relevo a definição das atividades de rotina, o modo como se realizam as rodas de cantigas e de histórias e demais experiências de aprendizagens, a disposição do mobiliário na sala, a disponibilização de brinquedos, de tempos e de espaços para as brincadeiras das crianças, as ações de cuidado... Nesse paradigma, colocam-se em questão as dicotomias entre atividade dirigida e atividade de livre escolha e reafirma-se a indissociabilidade entre o cuidar-educar.

Finalmente, o texto apresenta diversos argumentos no sentido de defender que no trabalho pedagógico com crianças pequenas é preciso aprofundar conhecimentos e ao mesmo tempo desenvolver habilidades de observação aguçada e atitudes de acolhimento social aos sinais sutis de comunicação das crianças que podem passar despercebidos num olhar adultocêntrico. A apropriação de um referencial teórico consistente (de viés sociointeracionista), aliada ao desenvolvimento de atitudes de investigação, à prática de registros sistemáticos (com fotografias, escrita de textos, anotações do cotidiano, escrita de portfólios) e à constituição de uma comunidade de aprendizagem envolvendo professoras e formadora são elementos centrais no modelo de formação docente registrado neste livro.

Esta obra está dividida em cinco partes, a saber: "Um começo de conversa", "Um convite às descobertas", "Outras possibilidades de aprendizagens no berçário", "Flashes do cotidiano" e "Ouvindo relatos, tecendo identidades e saberes construídos na formação de professoras de bebês". Uma característica comum a todas elas é a forma como o texto vai sendo tecido em articulação com escritas das professoras que participaram do processo formativo e seu diálogo com os registros na forma de fotografias, recortes de videogravações e desenhos de crianças extraídos dos portfólios das professoras.

A primeira parte é dedicada, particularmente, a introduzir o leitor na perspectiva teórico-metodológica adotada no curso e no seu relato, qual seja, a visão sociointeracionista de desenvolvimento infantil. É nesta parte da obra que é apresentado o "enredo" de como se realizou a formação do grupo de professoras de bebês, quais os seus principais procedimentos e conteúdos tratados.

Na sequência, a segunda parte da obra inicia já com um excerto de portfólio escrito por uma professora e passa a apresentar, em detalhe, os três conteúdos em torno dos quais o curso se realizou: Imitação – um espaço para brincar, aprender e compartilhar significados; Brincando e aprendendo com o outro: a constituição da linguagem no espaço da brincadeira; (Re)criando um ambiente para mexer, inventar e conviver.

A terceira parte do livro traz apontamentos para pensar que conteúdos compõem a proposta pedagógica de berçários, com ênfase na aprendizagem com parceiros, na construção de conhecimentos matemáticos, na ampliação de recursos expressivos, na aquisição de saberes próprios do universo sociocultural.

A quarta parte inverte a ordem de prioridade em termos das linguagens adotadas. Aqui as imagens, compostas com legendas, ganham centralidade e contribuem para dar visibilidade aos argumentos tratados nas partes anteriores.

A quinta e última parte, "Ouvindo relatos, tecendo identidades e saberes construídos na formação de professoras de bebês", é composta por dois capítulos, um que retoma princípios que orientaram o curso realizado e outro que parte de depoimentos avaliativos das professoras participantes para daí extrair referenciais mais amplos presentes no processo formativo relatado.

Como é o trabalho pedagógico no berçário da creche? Como se formam professores de bebês? É possível pensar em propostas pedagógicas para crianças com menos de dois anos de idade? A leitura deste livro pode contribuir para pensar sobre essas e outras questões, ouvindo atentamente as diferentes falas de professoras e de crianças que foram registradas de forma sensível e generosa pela formadora que partilhou conosco sua experiência.

PARTE I

UM COMEÇO DE CONVERSA

Conversas entre bebês e sua professora

> Quando conseguiu pegar um objeto que estava alto, uma criança olhou para mim como quem diz: "Olha, consegui!" E estampou sua alegria na face sorridente.
>
> Numa hora em que sentei no chão para contar histórias, uma criança se aproxima e senta nas minhas pernas, logo outra demonstra que quer também, tentando subir no meu colo, chora, depois olha para mim como quem quer dizer: "Eu também quero seu colo!"[1]

Confidências no berçário

> Trabalhar no berçário é prever o imprevisível, é planejar nos indicativos das crianças, é embalar-se no ninar, descontrair-se num sorriso, quase enlouquecer num choro que parece não passar... e o mais interessante: duvidar se está certo o que a gente planeja e cavalgar nas inquietações de uma criança em formação, um ser que tem muitíssimas potencialidades, que ainda não se comunica através da fala pra contar o que sente e que nos deixa inquietas pra saber se as nossas interpretações de seus sinais comunicativos são exatas (Prof.ª Jacqueline Oliveira / Creche Professor Francisco do Amaral Lopes).

    A professora nos mostra suas inquietações e sua busca sensível de compreender as especificidades do trabalho educacional com bebês. Sua fala descortina elementos de um contexto favorável às aprendizagens das crianças quando o adulto se torna um investigador atento de suas tramas, intérprete de suas expressões vocais, corporais, ritmos, movimentos, gostos, preferências, desagrados.

    E a criança, dona de uma curiosidade investigativa, aproveita todas as situações interativas e exploratórias das quais participa para se desenvolver. Nesse empreendimento, ela aciona seus saberes e recursos afetivos, cognitivos, motores e linguísticos, ao mesmo tempo que eles vão se modificando, no interior de distintas experiências que ela examina.

---

[1] Trechos do portfólio da professora Roberta Santos / Creche Municipal Vovô Artur.

Sabia que...

desde bebê, as crianças escolhem com quem brincar?

Crianças do berçário / CMEI Professor Paulo Rosas

As crianças conquistaram o direito à educação em creches recentemente?

CAPÍTULO 1
HISTÓRIA DAS CONQUISTAS DOS BEBÊS E SUAS PROFESSORAS

Tacyana Karla Gomes Ramos

No campo educacional, são inegáveis os avanços conquistados pelas crianças e pela Educação Infantil, desde o final da década de 1980. A intensa mobilização social e política empreendida no cenário brasileiro, em favor da infância, culminou com o engajamento da Educação Infantil no plano da legislação, integrando as creches e pré-escolas à Educação Básica.

O atual momento histórico que legitima a Educação Infantil como "ação complementar da família e da comunidade", tendo como finalidade "o desenvolvimento integral da criança de zero a cinco anos de idade, em seus aspectos físico, afetivo, psicológico, intelectual, linguístico e social" (Lei nº 9.394/96, art. 29), sinaliza para a adoção de metodologias dinâmicas, envolventes, interativas e contextualizadas nas especificidades do desenvolvimento infantil, pautadas em ações educacionais que reconheçam a infância como um tempo em si e que garantam a indissociabilidade entre cuidar e educar a criança.

Nessa perspectiva, o cotidiano da Educação Infantil acolhe as várias dimensões do cuidar/educar, tendo os princípios éticos, políticos e estéticos (conforme citado nas Diretrizes Curriculares Nacionais para a Educação Infantil/2009) como bases para a construção de sujeitos históricos que exploram o mundo, reinventam o cotidiano, produzem conhecimentos por meio das interações e vínculos que estabelecem, do brincar, sentir, expressar-se, relacionar-se, organizar-se, cuidar-se, entrelaçando afetos e partilhando significados da cultura vivida.

Dentro dessa configuração em que se apresentam os programas destinados à Educação Infantil em instituições coletivas, a criança passa a ser reconhecida em todas as suas potencialidades (físicas, emocionais, afetivas e sociais) e como um ser capaz de interagir com o outro, com o tempo, com o mundo ao seu redor, participar do processo educativo e de seu desenvolvimento, com os conhecimentos e recursos de que dispõe, desde bebê.

Ao lado dessas conquistas políticas atuais, pesquisas recentes sobre o desenvolvimento socioafetivo da criança, confirmam a ideia de que, mesmo sem ter consolidado a linguagem oral, ela estabelece relações ricas e variadas com seus pares (ROSSETTI-FERREIRA *et al.*, 2003; PEDROSA; CARVALHO, 2004), mostra-se sensível às diversas manifestações afetivas do ambiente cultural, onde, gradativamente, se insere (cf., por ex., WALLON, 1971; TOMASELLO, 2003), compartilhando a atenção e as emoções que sente (BUSSAB *et al.*, 2007) por meio de expressões fisionômicas, gestuais, vocais, posturais e rítmicas que traduzem a sua comunhão interpessoal e as suas disposições internas para o encontro social, desde o comecinho da vida.

Esses estudos têm contribuído para uma mudança nas ideias sobre as competências sociocomunicativas da criança no primeiro ano de vida. Dessa forma, a perspectiva de um bebê como ser passivo, receptor de cuidados e informações, é transformada em concepções nas quais a criança é vista como um parceiro dinâmico nos processos comunicativos. Assim sendo, põe-se em relevo a concepção de criança admitida como construtora ativa de seu desenvolvimento, e a Educação Infantil se envereda por caminhos que conduzam à consolidação social e política que a educação da criança de até cinco anos conquistou. A ênfase recai no estabelecimento de parâmetros para se pensar a qualidade desse atendimento em sintonia com a finalidade desta primeira etapa da Educação Básica, qual seja, o desenvolvimento pleno da criança, desde o seu primeiro ano de ingresso na unidade educacional.

Diante da versatilidade da criança em sua busca ativa de informações e coconstruções, a organização do ambiente pedagógico propulsor das aquisições infantis orienta-se para o respeito aos diferentes tempos, ritmos, necessidades e motivações da criança. Esse desafio exige das instituições de Educação Infantil o repensar diário da organização do espaço pedagógico aliado ao domínio de um conjunto de informações sobre o desenvolvimento da criança. Para tal empreendimento, é preciso considerar que a marca particular da faixa etária entre zero e cinco anos é o modo peculiar de apreensão da realidade, da apropriação e partilha de significados, que é próprio da criança nesse período de desenvolvimento. Estamos falando no trato das especificidades de ensino-aprendizagem com crianças decorrentes dos novos paradigmas e bases epistemológicas alçados da Psicologia, da Sociologia, da Didática, da Filosofia, da Linguística e de outras Ciências afins que dão sustentação ao trabalho educacional, com qualidade, que atenda à especificidade da formação humana nesse período da vida.

Nesse contexto, são reconhecidos a identidade e o papel dos profissionais da Educação Infantil na gestão de ações que respeitem as especificidades do desenvolvimento da criança em cada faixa etária que compõe os diferentes agrupamentos infantis, exigindo objetivos e programações de atividades diferenciadas e promotoras das aquisições da criança. Legitima-se um perfil de atuação profissional para o professor enquanto sujeito que reconhece a dimensão política e educativa de seu fazer e parceiro crítico-reflexivo na implementação da qualidade na educação à criança.

Decorrente dessas proposições, emerge a necessidade de formação para os profissionais que gerenciam as propostas de educação dos bebês e que precisam ter conhecimentos peculiares ao desenvolvimento da criança nessa faixa etária. O horizonte é a organização de experiências de aprendizagens socialmente relevantes e pessoalmente significativas, que ampliem possibilidades de expressão da criança, oportunizem brincadeiras entre pares, o exercício da autonomia, a construção de conhecimentos e a partilha de significados num contexto socioafetivo favorável à formação de vínculos e coconstruções. Busca-se, também, desenvolver um "olhar" que permita ao professor entender a participação da criança como coautora das práticas pedagógicas, pautadas numa postura de acolhimento e incentivo às diversas manifestações infantis.

Nessa linha de proposições, compreender as especificidades do desenvolvimento da criança no berçário é fundamental para o professor organizar um ambiente de vivências, convivências e aquisições que impulsionem aquelas conquistas necessárias à ampliação do conhecimento do mundo físico e social que as crianças buscam consolidar através de suas investigações na unidade educacional. Nesse percurso, o professor incorpora uma postura crítica e protagonista de sua atuação pedagógica em parceria com os bebês.

Um enredo em curso

A busca de estratégias pedagógicas apropriadas às diferentes características do desenvolvimento infantil, na Rede Municipal de Ensino do Recife (RMER), no sentido da qualificação da prática educativa desenvolvida com crianças no primeiro ano de vida, ganhou amplitude e ressignificações no interior do curso "A organização do ambiente pedagógico propulsor das aquisições socioafetivas da criança no berçário", desenvolvido no período de outubro de 2007 a novembro de 2008.

A intenção desse curso foi de aliar uma concepção de criança como sujeito ativo, que investe em seu desenvolvimento, observar suas (re)ações, motivações, necessidades e iniciativas, interpretar seus desejos e solicitações, examinar suas estratégias sociocomunicativas, a fim de gerar informações que permitissem a organização do espaço, do tempo, dos materiais, dos agrupamentos de crianças, o papel do professor na gerência dessas propostas, ao lado de estudos de aspectos do desenvolvimento peculiares a essa faixa etária.

Para tal empreendimento, foram organizados encontros de estudos em reuniões mensais, com 30 professoras de bebês[2] da RMER e 10 educadoras que atuam em berçários de creches comunitárias conveniadas, além de dois seminários de socialização das aprendizagens.

O eixo teórico selecionado para as reuniões do curso se apoiou em estudos sobre os processos comunicativos na infância, com foco temático nos recursos utilizados na apreensão e no compartilhamento de significados, contextualizados em campos conceituais interligados por três blocos temáticos: o primeiro Imitação: um espaço para brincar, apreender e compartilhar significados trouxe indicadores do papel

---

[2] As crianças que frequentam o berçário da RMER estão no primeiro ano de vida.

da imitação como um processo que possibilita à criança experimentar e explorar posturas e ações dos parceiros com os quais se relaciona, diariamente, na unidade educacional e como recurso comunicativo que permite o engajamento social, a apreensão e compartilhamentos de informações. Discutiu e examinou diferentes níveis e funções que a brincadeira de imitar assume enquanto espaço para evolução do pensamento infantil. O segundo bloco temático Brincando e aprendendo com o outro: a constituição da linguagem no espaço da brincadeira – explorou construções de significados nas brincadeiras conjuntas, discutindo as habilidades sociocomunicativas presentes nas investidas da criança com vistas a iniciar e manter o enredo da brincadeira partilhada pelo grupo. Nessas ocasiões, examinaram o papel do professor no acolhimento, interpretações das investidas sociocomunicativas da criança e desdobramentos dessas ações no desenvolvimento infantil. O terceiro contexto teórico (Re)criando um ambiente para mexer, inventar e conviver – discutiu concepções e investiu na organização do contexto físico e do ambiente educativo favorável ao enriquecimento e à complexificação das expressões criativas da criança, de forma a impulsionar o seu jeito de elaborar e transmitir informações que ela explora do meio sociocultural em que, gradativamente, se insere e constrói ativamente significados. A prática pedagógica foi objeto de análise e (re)construções coletivas.

O percurso de aprendizagens do grupo incluiu a leitura de trabalhos científicos contextualizados nos eixos temáticos, anteriormente descritos, com socialização coletiva das aprendizagens, debates e registros das descobertas a partir de vídeos produzidos pelo Centro de Investigação sobre Desenvolvimento Humano e Educação Infantil (CINDEDI - USP),[3] observação da criança em interação social nas unidades educacionais, descrição de ações da criança, suas motivações, competências sociocomunicativas, autonomia, criatividade e possibilidades de construções com parceiros, reveladas por detrás da análise atenta e exploratória da diversidade situacional do ambiente

---

[3] Você, leitor(a), encontrará as referências dos vídeos e dos textos estudados pelo grupo na parte "Quem teceu os fios e as ideias".

pedagógico do berçário. Houve também análise de experiências interativas de crianças e professoras, videogravadas em duas unidades educacionais da Rede Municipal de Ensino, filmadas na ocasião de coleta de dados para o projeto de pesquisa que integra a dissertação de mestrado[4] da professora Tacyana Ramos, formadora convidada para organizar e desenvolver o curso com as professoras de bebês. Dessas cenas registradas, foram selecionadas 12 situações interacionais para reflexões e debates nas ocasiões de estudo.

Vale lembrar que a escolha do uso dessas cenas videogravadas não foi aleatória. Ao contrário, atendeu às solicitações das professoras que optaram por estudar os processos sociocomunicativos da criança e examinar situações emergentes da prática educativa das colegas professoras que participaram das filmagens, focando as temáticas de estudo em situações e experiências desenvolvidas no interior das unidades educacionais da própria Rede Municipal, proposta que ganhou a adesão daquelas profissionais que autorizaram o uso de sua atuação videogravada para contextualizar os debates.

No decorrer das reuniões de estudo, a análise dos processos sociocomunicativos da criança no primeiro ano de vida, a partir das videogravações, gerou debates intensos e mobilizou o interesse do grupo. As experiências interativas em vídeo foram assistidas mais de uma vez, tendo, em muitos momentos, a imagem "congelada" para que o grupo pudesse perceber e examinar os detalhes das cenas interativas apresentadas, elaborar questões sobre os recursos da criança no apreender e compartilhar significados, refinar o olhar na captura dessas informações. Nessas ocasiões, a formadora também delimitava um evento significativo da situação videogravada, com perguntas para o grupo encontrar respostas na análise coletiva da filmagem, tendo como apoio teórico um texto já lido em sala ou em casa. Às vezes, um vídeo que estava sendo examinado num encontro era assistido em encontros posteriores, só que

---

[4] RAMOS, Tacyana K. G. *Investigando o desenvolvimento da linguagem no ambiente pedagógico da creche:* o que falam as crianças do berçário? Dissertação (Mestrado em Educação) – Centro de Educação, Universidade Federal de Pernambuco, Recife, 2006.

as perguntas geradoras do debate eram diferentes e delimitavam novos campos conceituais a serem investigados pelo grupo. Essa estratégia provocava um esforço na busca de respostas fundamentadas teoricamente que explicitassem as concepções que sustentavam a situação assistida, na busca de fundamentos que fossem consistentes para debater as ideias que estavam sendo apresentadas no vídeo, como será exemplificado nos capítulos subsequentes desta publicação.

Noutros momentos, o desafio lançado ao grupo era assistir ao vídeo, anotando aspectos que considerasse significativos, sem um roteiro de observação previamente definido ou o campo conceitual circunscrito. Por vezes, acontecia que, na ânsia de capturar as principais ideias apresentadas nos vídeos, algumas professoras escreviam o texto com frases bem parecidas com a fonte original assistida.

Esse movimento exploratório das informações videogravadas nos foi revelando pistas de aspectos teóricos a serem seguidos, de novas aprendizagens a serem investidas, delimitando as aquisições do grupo que foram sendo acompanhadas através de relatos verbais e registros individuais nos diários de cada professora. Ao lado dessas ações, foram escolhidas três outras estratégias didáticas para o curso, quais sejam, leitura e roda de debates, tematização a partir de videogravações, escrita de fichas e diários de campo/portfólios.

As reuniões de estudo tiveram como proposição o registro do que o grupo ia discutindo em anotações feitas nas fichas construídas para cada encontro. As fichas apresentavam o planejamento do dia, organizado em momentos, e um roteiro de registros de atividades para serem desenvolvidas na unidade educacional e compartilhadas no encontro seguinte.[5]

Os momentos de leituras e discussões dos textos foram conduzidos para favorecer a captura e análise de processos interativos videogravados, gerando, também, uma atitude investigativa favorável à apreensão de saberes, motivada pelo interesse das professoras, que foram instigadas a produzirem conhecimentos na articulação entre o observado

---

[5] Na página 32, disponibilizamos uma ficha de registro de um dos encontros para ilustrar este ponto.

nas filmagens, o referencial teórico estudado e o confronto coletivo de suas descobertas. O exemplo a seguir, transcrito dos registros de duas professoras, dá visibilidade ao nosso comentário:

Informações construídas na articulação entre o observado nas videogravações e o referencial teórico estudado

A análise de um episódio interativo videogravado apresentado a seguir, alçado do portfólio da professora Ana Rosa Varela Buarque (CMEI Sementinha do Skylab), é reveladora de suas aquisições e rica em detalhes do referencial teórico que dá sustentação ao exame dos recursos sociocomunicativos dos bebês por ela empreendido, explicitando a sua compreensão sobre o investigado:

> [...] A brincadeira surgiu a partir de uma criança que ia trazendo caixas e empilhando-as. A professora terminou entrando na brincadeira e outras crianças também. A *imitação* funcionou como *forma de engajamento social* e *pôde facilitar que as crianças compreendessem o tema da brincadeira do grupo*. Podemos ver como *os gestos foram ganhando significação a partir da interpretação dos parceiros* e como a professora foi acolhendo cada ação das crianças na construção da brincadeira coletiva, incentivando e apoiando as atitudes do grupo.

A mesma cena videogravada foi analisada pela professora Silvana Felipe (CMEI da Mangueira) que demonstra, em seus registros, o resultado de suas aquisições e a pertinência teórica na análise dos processos interativos de um jeito menos descritivo, diferente daquele escrito pela professora Ana Rosa, mas apoiada no mesmo referencial teórico que a parceira utilizou na explicação do observado. As marcas em itálico no registro abaixo (feitas por nós), quando comparadas com aquelas grifadas no registro da outra professora, visualizam as semelhanças conceituais entre elas e revelam o jeito diferente de cada uma escrever sobre a mesma situação examinada na videogravação:

> As crianças utilizam-se de recursos, como o olhar, gestos, choros como linguagem. *O nível de comunicação vai se dar com o outro, que atribuirá um sentido a essas manifestações infantis.*

[...] Geralmente *as crianças se comunicam através da imitação que gera a possibilidade de contatos sociais*. A professora poderá ser a mediadora das interações no grupo, através de propostas pedagógicas que irão favorecer essas interações.

As duas professoras demonstram conhecer os seguintes campos conceituais que explicam os conteúdos analisados e que foram tratados naquela ocasião de estudo:

- o papel da imitação como recurso comunicativo não verbal;
- recursos sociocomunicativos utilizados pelas crianças na emergência e no compartilhamento de significados;
- indicadores do contexto social do ambiente pedagógico favorável às iniciativas sociocomunicativas das crianças.

Interessante observar a construção de um olhar competente sobre as capacidades infantis e crítico na gestão de propostas alçadas das reuniões de estudos e transpostas para o cotidiano da instituição, como disse uma professora participante do curso:

> A formação está ajudando a refinar o meu olhar, o meu jeito de compreender a criança, de descobrir coisas novas que ainda não tinha visto antes na sala. Agora já consigo ver nas crianças coisas do desenvolvimento infantil que estava escrito nos textos (Prof.ª Ladyclaire Pavão / CMEI Zacarias do Rego Maciel).

Outras formas de ampliar as aquisições do grupo foram as propostas de comparações entre as discussões e os registros da turma e aquelas apresentadas em outros vídeos ou em depoimentos de outras professoras da RMER, conforme indicado neste fragmento da ficha de registro apresentada no box a seguir.

APRENDENDO COM IDEIAS COMPARADAS E AMPLIADAS COM OUTROS VÍDEOS
Encontro nº 02
Tema: **CONHECENDO OS RECURSOS SOCIOCOMUNICATIVOS DOS BEBÊS NAS INTERAÇÕES COM O OUTRO**

3º MOMENTO - Compartilhando saberes...

- O texto que lemos hoje sobre os recursos sociocomunicativos de bebês também foi examinado por professoras de uma outra creche da rede municipal, tendo como desdobramento o vídeo a que iremos assistir e que mostra as aprendizagens do grupo. Anote o que você aprendeu com os depoimentos daquelas professoras.

4º MOMENTO - Explorando os processos interativos de bebês na creche
- Quais são os recursos que a criança utiliza para comunicar suas motivações, necessidades, interesses e intenções antes da fala articulada ter se consolidado que você capturou das cenas interativas a que assistimos? Anote suas ideias para depois compará-las com aquelas apresentadas no vídeo *Bebê interage com bebê?*, produzido pelo CINDEDI, examinando: o que têm de parecido? O que há de diferente?

Outro espaço para interlocução e apropriação de conhecimento foi advindo da socialização de experiências realizadas na unidade educacional. Essa dinâmica de compartilhamento teve um potencial de contágio no grupo através da reelaboração criativa de ideias das parceiras, da descoberta de semelhanças em diferentes situações e das reflexões que provocavam um entrelace de significados construídos e transpostos para o cotidiano, conforme veremos a seguir:

Num dos encontros, a professora Maria Virgínia Batista (CMEI É Lutando que se Conquista) apresentou para o grupo sua estruturação das sequências de atividades desenvolvidas com as crianças durante a manhã, por meio de fotografias. Na ocasião, o grupo mostrou-se bastante envolvido, principalmente, quando ela mostrou fotos de atividades exploratórias de incentivo aos deslocamentos e subidas do grupo infantil, constituídas pelo aproveitamento do mobiliário da sala.

Berço emborcado – sala da professora Maria Virgínia

A professora Edite Xavier (CMEI Professor Paulo Rosas) fez igual à professora Maria Virgínia: resolveu virar um dos berços da sala em que atua para proporcionar às crianças momentos de explorações por meio de subidas e descidas nas grades, sob a supervisão do adulto, conforme comentou para o grupo.

Berço virado na lateral – sala da professora Edite Xavier

Ela apresentou para a turma a organização espacial da sala, proposta que ganhou a adesão de algumas professoras. Uma delas foi Ana Rosa Varela Buarque (CMEI Sementinha do Skylab), que organizou sua sala de um jeito parecido com o que Edite propôs ao grupo: providenciou tule para pendurar no teto, pendurou os fantoches numa altura que a criança pudesse pegá-los e deixou a decoração das paredes da sala numa altura visível para o grupo infantil.

Tule pendurado no teto – sala da professora Edite Xavier

Crianças brincando com tule pendurado no teto – sala da professora Ana Rosa Buarque

Nesse movimento criativo, de descobertas, de reflexões, intermediado pela partilha de experiências, pelos textos lidos, pelo diálogo entre as participantes e pelo registro das suas reflexões, as aprendizagens do grupo foram sendo construídas. Dessa forma, embora estivessem inseridas em uma instância coletiva de aprendizagens, cada professora pôde assumir um papel ativo na produção com seus pares.

E os caminhos desse processo de produção foram muitos...

A história dos registros

O jeito de escrever esta publicação também tem uma história. O desafio de dar "voz" às professoras, deixá-las "contar" o que sabem sobre a organização do ambiente pedagógico propulsor das aquisições da criança no berçário, a partir dos registros de suas aprendizagens no desenrolar das reuniões de estudo, foi a mola que impulsionou a estruturação da narrativa deste trabalho.

Esta escrita conjunta, com tanta gente, foi instigante e geradora de inquietações: como garantir os depoimentos de todas as participantes do curso? E quem escreveu bem pouco? O que fazer com as fotografias trazidas para a socialização e que também demonstram as aquisições das professoras? Como organizar os depoimentos do grupo num texto narrativo, conciliando ideias, organizando os campos conceituais? E mais: como sistematizar a produção em estilo narrativo, alimentando a curiosidade do leitor para que ele se deixe conduzir pelo olhar e pelas falas das professoras e crianças?

Escrever sobre a ação desenvolvida no desenrolar do curso e expressar as aquisições do grupo nesta publicação coletiva foi o resultado de um conjunto de estratégias, ordenadas segundo uma sequência de aprendizagens a serem construídas e que foram traçadas no planejamento do curso para serem registradas pelas professoras em pastas individuais: *portfólios* que serviam para revisitar o vivido através da narrativa, guardar suas impressões, sintetizar as aprendizagens produzidas nos encontros de formação e registrar a prática desenvolvida na unidade educacional.

Nos rumos de efetivação dessa tarefa, aconteceu de várias professoras registrarem frases curtas, como se fossem lembretes. Entretanto, quando estimuladas a falar sobre o registro, explicar as ideias sintetizadas nos textos miúdos, a eloquência e a pertinência conceitual surgiam em depoimentos reveladores de suas aquisições. A dificuldade parecia ser o uso da escrita, com desenvoltura, para materializar a riqueza de elementos de aprendizagens expressos na fala.

Para ultrapassar esses limites, gerar no grupo um clima de ajuda mútua, de encorajamento, de ampliação dos registros, pensamos que seria fundamental garantir um espaço para a escrita nas ocasiões de estudo, desta vez feito em dupla e com o apoio da formadora que circulava entre os grupos, problematizava o que elas escreviam, instigava a reescrita e gerava possibilidades de (re)elaboração do texto escrito que acontecia ali mesmo, no interior do grupo de estudo, assim: as duplas conversavam sobre o que iam escrever, combinavam o registro que cada uma faria e, após essa escrita individual, a produção retornava para a leitura da parceira ou da formadora, que sugeria modificações no conteúdo do texto, acréscimo ou retirada de palavras, correções gramaticais ou ortográficas.

Vale lembrar que o grupo demonstrou maiores investimentos no registro de suas aquisições, no portfólio individual, quando soube que a escrita teria uma finalidade comunicativa, qual seja, compartilhar as aprendizagens numa publicação. Muita gente se animou! E o (re)escrever foi ganhando a adesão de várias professoras, se tornando parte dos trabalhos de uma forma mais significativa. A desenvoltura de algumas professoras foi sendo construída com muito envolvimento: com o passar do tempo, os registros de quem investiu esforços foram ficando mais expressivos, ricos em detalhes e eloquência. Pouquíssimas sugestões de mudanças foram sendo propostas. O jeito inicial, aparentemente acanhado de escrita, se desfez. Os registros ganharam também um tom afetivo, poético, mergulhado nas entrelinhas, facílimo de perceber e de evocar imagens do burburinho disseminador das aprendizagens no grupo.

Vale ressaltar que escrever para pensar sobre o vivido continuava sendo uma tarefa árdua para algumas professoras que ainda precisaram de muito incentivo e apoio da formadora para registrar suas ideias e aprendizagens. Várias professoras preferiam falar sobre o que estavam aprendendo ou mostrar fotografias de situações interativas de crianças que elas estavam acompanhando como opção de registro de suas descobertas. O jeito que encontramos para dar visibilidade a esse investimento está posto na parte "Flashes do Cotidiano". Ele reúne imagens do dia a dia das unidades educacionais e experiências interativas, fotografadas pelas professoras e que também revelam o percurso investigativo, exploratório de suas aquisições no desenrolar do curso.

A escrita de relatórios das aprendizagens de cada encontro, feita por cada professora, proporcionou a construção de uma coletânea de evidências de aquisições que culminou na elaboração deste produto socializado: um portfólio sobre as competências sociocomunicativas de bebês, realçando indicadores da configuração do ambiente pedagógico propulsor das aquisições socioafetivas da criança, alçados das discussões e aprendizagens construídas, coletivamente, na trajetória de estudos.

A possibilidade de registrar a sua atuação profissional e o seu desenvolvimento em *narrativas* pôde desvelar as percepções das professoras, viabilizar aprendizagens compartilhadas e delinear os resultados da participação de cada docente em redes interpessoais, marcadas pela reciprocidade, pela motivação, pela convivialidade e por atitudes colaborativas, frutos de um processo de formação que não foi estanque ou pontual. Ao contrário, desdobrou-se numa trajetória processual de aquisições, conferindo um tom pessoal ao percurso coletivo de aprendizagens.

Nessa perspectiva, a formação parece ter permitido que o professor se reconheça capaz de relacionar-se com seus pares e de encontrar soluções para os desafios emergentes de sua atuação, "reencontrando-se com suas histórias de vida e de profissão" (PINAZZA, 2004, p. 381).

Para concluir, tomamos emprestadas as palavras de Bakhtin (2002), ao anunciar que, "às vezes, nossas palavras não bastam para expressar nossas emoções [...]. São impotentes para transmitir tudo o que a alma quer dizer" (*apud* FREITAS, 2001, p. 326) e, nesse sentido, acrescentamos que as palavras deste portfólio de aprendizagens coletivas não bastaram para exprimir toda a nossa inquietação, encantamento e infinitude no anseio por uma educação, com qualidade, aos bebês.

Na trilha dos registros[6]

Ficha de Registros
Encontro nº 1
Tema: Construindo o conceito de ambiente de desenvolvimento socioafetivo de bebês

Pra começo de conversa

- Na sua opinião, como você imagina que se configura um ambiente propulsor das aquisições socioafetivas dos bebês? Anote suas ideias iniciais para depois comparar com aquelas de uma parceira.

Compartilhando opiniões

Agora converse e compare suas ideias iniciais sobre o tema com a parceira que escolheu: o que têm de parecido? O que há de diferente?

- Vamos, coletivamente, examinar o conceito de ambiente a partir da leitura do texto "A organização dos espaços na Educação Infantil".
- Em grupos, analise o planejamento pedagógico de uma outra professora da RMER, registrando...

... características da dimensão física do ambiente
... características socioafetivas
... características da organização temporal das atividades.

- Agora vamos analisar fotografias (aquelas do painel coletivo construído sobre "o protagonismo de ações de bebês"), alçando possíveis características reveladoras do ambiente pedagógico das creches enquanto espaço propulsor das aquisições socio-afetivas das crianças.

---

[6] Esta ficha de registro oferece a você, leitor(a), pistas das ações desenvolvidas nas reuniões de estudo e aponta o caminho planejado para um dos encontros, revelando elementos da sequência de atividades propostas.

Explorando o ambiente pedagógico do berçário como contexto de desenvolvimento da linguagem dos bebês

- A experiência interativa a que iremos assistir é indicadora de um contexto socialmente acolhedor que circunscreveu os rumos que as ações das crianças tomaram no desenrolar das negociações em prol da ordem de entrada na brincadeira proposta pela professora, conforme veremos.

Local: CMEI É Lutando que se Conquista

Duração do registro: 04min 40s

Resumo da situação interativa: A professora convida o grupo para a brincadeira de balanços com o corpo de mãos dadas com ela, e várias crianças demonstram interesse em participar da atividade, comunicando suas motivações a partir de gestos, movimentos, olhares, choros e sorrisos que vão sendo interpretados pela professora e por outras crianças que disputam o ingresso na brincadeira proposta pelo adulto.

Integrantes: Igor (14 meses), Malu (15 meses), Mara (15meses), Karli (16 meses), Luiz (16 meses), Noana (18 meses), Lara (20 meses) e a professora.

Compartilhando ideias

- Converse com parceiras sobre o episódio, investigando...

...como a professora organiza suas ações pedagógicas de forma a atender aos interesses, às necessidades e às motivações das crianças?
...como ela percebe as competências comunicativas das crianças na ausência da fala articulada?
...como a professora interpreta os processos comunicativos das crianças e como ela assume um papel de interlocutora nessas ocasiões.
...em que aspectos essa experiência interativa torna-se ambiente de desenvolvimento da linguagem infantil?

Concluindo apontamentos

Hoje trabalhamos com o conceito de ambiente e examinamos contextos propulsores de aquisições socioafetivas de bebês. Retome suas ideias registradas durante o encontro, revistando o que você aprendeu e anotando o que pretende implementar na unidade educacional em que você atua a partir das suas descobertas.

Para fazer na unidade educacional e/ou em casa...

- Decore a capa do seu portfólio.
- Escreva perguntas que você quer investigar sobre as competências sociocomunicativas da criança (tema do próximo encontro).
- Fotografe ou descreva situações do ambiente pedagógico de sua sala que você considera promotoras de aquisições socioafetivas das crianças.
- Traga uma poesia ou música sobre a criança para apresentar ao grupo na próxima reunião de estudos.

Boa coleta de evidências!
Até o próximo encontro!
(Ele será em 21/11/07)
Tacyana Ramos

CAPÍTULO 2
VAMOS OBSERVAR CUIDADOSAMENTE A CRIANÇA NO BERÇÁRIO

Maria Isabel Pedrosa

Quem cuida protege, e quem protege atende a criança em suas necessidades físicas, de alimento, sono, higiene, conforto e prevenção da dor. Mas o cuidar é mais do que isso! É acolher a criança, encorajá-la em suas descobertas; é ouvi-la em suas necessidades, desejos e inquietações; é apoiá-la em seus desafios; é dosar as experiências e torná-las mais ao alcance da criança; é interagir com ela reconhecendo-se fonte de informação, de carinho e de afeto; é interpretar o sentido pessoal das suas descobertas e das suas conquistas. Portanto, cuidar é educar. Um binômio inseparável!

Subestimam-se, frequentemente, as capacidades da criança no primeiro ano de vida. Pensa-se que, pelo fato de ela ser imatura do ponto de vista motor, é também imatura em relação a vários outros aspectos de seu comportamento. Como, no primeiro ano de vida, ela não anda, não fala e tem movimentos não coordenados, cria-se uma concepção de que ela, também, não discrimina nem responde a certos estímulos, não tem preferências, não interage com parceiros. Outras razões para o desconhecimento da criança são: a ênfase numa comunicação verbal, o privilégio na cognição, o exame da criança em situações não cotidianas e o próprio modo de criar o bebê, restringindo-o a contatos com poucas pessoas. Essa concepção da criança está mudando; em parte, porque foram desenvolvidas tecnologias de registro e medições, como, por exemplo, a videogravação, a mensuração de reações fisiológicas e a medição de expectativas contrariadas que causam surpresa na criança. E em parte porque a Psicologia foi instada a responder a várias inquietações da sociedade que buscava opções satisfatórias para outras formas de criação de seus filhos, obrigando os pesquisadores a aprenderem mais sobre a criança.

Uma maneira de conhecer mais a criança é ter curiosidade sobre ela; é observar o que ela faz, de que maneira faz, com quem faz, como ela se comunica, como ela reage ao ambiente e aos parceiros, quais são suas curiosidades e suas preferências e muitas outras perguntas que se podem fazer e que podem orientar observações mais acuradas. Assim como um pesquisador, a professora precisa saber olhar. Mas como esse olhar pode ser diferenciado, ou seja, como ele "pode ver coisas"?

Para "ver", "observar" e "dar sentido" ao que faz a criança, é necessário ter uma boa formação: estudar o que outras pessoas já descobriram sobre ela, aprender a valorizar os detalhes, por menor que sejam, e, principalmente, acreditar que ela é sujeito de seu desenvolvimento, ou seja, é ativa, é capaz de aprender, construir, duvidar, questionar e discordar. O foco nas capacidades interacionais das crianças, observando suas reações aos parceiros, adulto ou coetâneo, e nos ajustes de seu comportamento às estimulações que vêm do meio ambiente causam-nos surpresas! Um exemplo pode nos ajudar a entender isso melhor.

Certo dia, Marina (10 meses) olha para Sara (12 meses) com o dedinho apontando para um objeto que estava próximo de Sara. Seu olhar passeia, alternadamente, entre a parceira e o objeto. Por sua vez, Sara olha para Marina e, depois, para o objeto. Orienta-se outra vez para Marina e faz o mesmo gesto de apontar para o objeto. Marina ri, e Sara esboça um riso. Marina, outra vez, aponta para o objeto; Sara reage, apontando para outro objeto e, na sequência, olha para Marina. A partir de então, as duas crianças passam a apontar em diferentes direções e riem uma para outra.

Ao ser solicitada, como uma pessoa que não tem conhecimento sobre a criança interpretaria essa sequência interacional? Aparentemente, parece não haver nada a destacar, e ela responderia, provavelmente, que se trata de "uma simples sequência de comportamentos desajeitados de apontar, sem propósito firme, porque se olham mais do que apontam, e a própria ação de apontar não indica tão claramente um objeto, pois a coordenação motora ainda não está bem controlada". Talvez essa pessoa recomende um conjunto de exercícios de coordenação motora para maior destreza dos movimentos dessas crianças!

Mas qual seria o comentário de uma professora que observa, atentamente, a criança? Atenta, em especial, aos episódios interacionais, essa educadora, provavelmente, estaria mais focada nos eventos que envolvem essas duas crianças e com expectativas sobre esse encontro. Ela sabe, por exemplo, que o outro constitui um interesse especial de atenção da criança; com o outro, ela pode compartilhar, negociar e aprender: o outro é uma fonte inesgotável de informações, de tensões e de construções. Em segundo lugar, uma educadora sabe (ou deveria saber) que as trocas de olhares e a ação de apontar para objetos que estão em volta, mais do que um exercício sem sentido, é uma forma de compartilhar a atenção do outro. Em terceiro lugar, ela aposta nas descobertas das crianças, nas suas curiosidades, nas suas aprendizagens, mesmo que tenham a mesma idade. Então, com perspicácia, essa professora chamaria a atenção para a transformação do apontar em uma brincadeira de imitar. Mas, por que uma brincadeira?

Brincadeira porque, *grosso modo*, podemos identificar um tema, um roteiro, uma construção que mais parece uma experimentação, uma negociação! As crianças, com tão pouca idade, não planejam brincar de apontar objetos (o tema da brincadeira); o interesse de compartilhar com um parceiro faz com que uma criança selecione, preferencialmente, seu meio social e busque, ativamente, a atenção da outra criança. As pesquisas sobre desenvolvimento humano já nos informam isso. Também, o modo como se dá a sequência de ações das crianças nos fala de um roteiro (de turnos, de ritmos, de olhares e de apreciação): apontar um objeto e olhar para a outra criança permite conferir se a orientação da outra está voltada para ela, para o que ela quer compartilhar com a outra; e, diante da reação da parceira, que, provavelmente, tem também motivações de compartilhamentos, a resposta de apontar o mesmo objeto parece indicar: "eu estou vendo"; ou "eu sei que você quer fazer algo junto comigo". Imitar o parceiro repercute, desse modo, na criança que está sendo imitada. Aí começa *um jogo de imitar e ser imitado*. A descoberta desse jogo parece transformar radicalmente a situação interacional. Tudo se passa como um diálogo de ações e significações: "já estamos atentas uma para a outra"; "já sabemos que queremos compartilhar algo"; "já nos reconhecemos como parceiras de construção"; "já sabemos do que dispomos no ambiente (os objetos presentes)"; e "mantemos a nossa brincadeira com o revezamento de turnos: você aponta e depois sou eu quem aponta". A transformação desse diálogo de ações em palavras permite-nos explicitar a brincadeira em curso; uma brincadeira que se utiliza dos meios sociais e dos meios instrumentais de que dispõem as crianças em suas etapas de vida!

Como a professora atenta, que observa e aprende com a criança, pode instigá-la em seus desdobramentos? Hoje, sabemos que uma parte relevante da comunicação humana é não verbal, antes e, mesmo, depois da aquisição da linguagem; e sabemos que as trocas socioafetivas constituem-se suporte do diálogo e da assimilação cultural. O cuidar e educar a criança no berçário, portanto, implicam uma proposta pedagógica que dê suporte a suas várias iniciativas, procurando compreendê-las, completá-las, interpretá-las; implicam proporcionar um ambiente rico e variado que aguce suas possibilidades de aprendizagens e aquisições; implicam um ambiente social afetuoso em que ela se sinta encorajada em suas descobertas, acolhida por seus parceiros adultos e coetâneos e compreendida em suas transgressões; implicam, ainda, um espaço interacional lúdico, curioso e desafiador, compatível com os seus recursos interpretativos. Para a elaboração e implementação de uma proposta pedagógica adequada a crianças do berçário, portanto, há de se exigir uma formação específica para os educadores.

PARTE II

UM CONVITE ÀS DESCOBERTAS

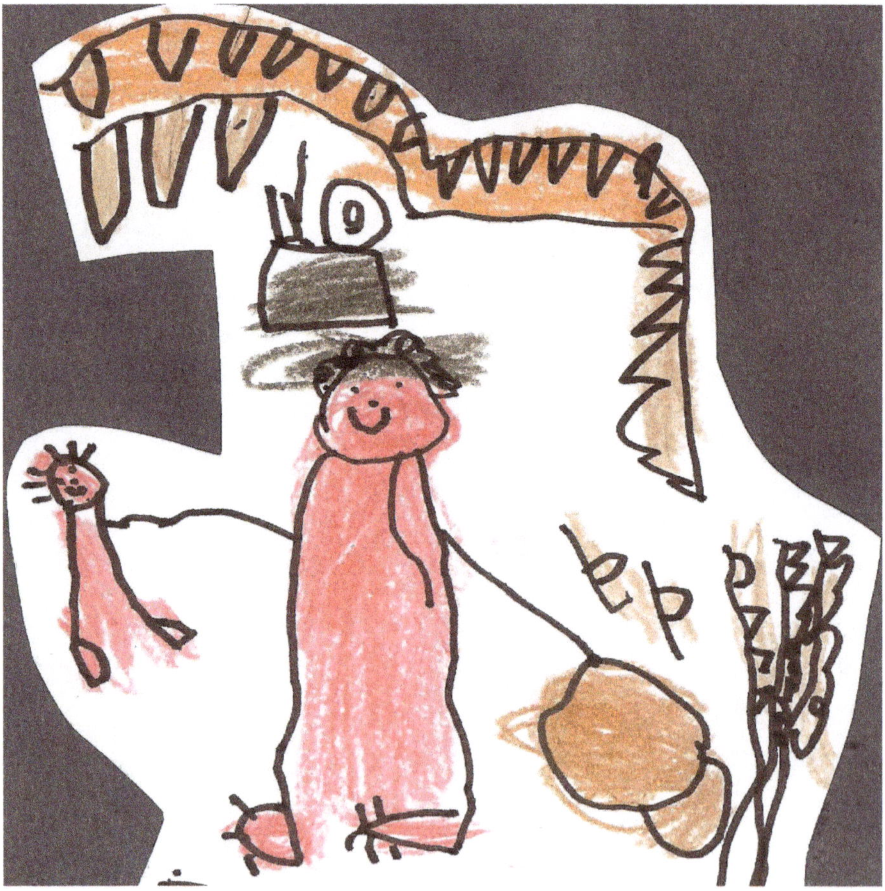

Crescendo e aprendendo no CMEI[1]

Hoje paramos para analisar melhor o desenvolvimento das crianças da sala. Achamos gostoso e satisfatório relembrar os momentos de quando chegaram na unidade educacional e ver como elas estão hoje. Antes elas choravam muito e "música" da sala era o choro que demorava a passar. Hoje as crianças já aprenderam a engatinhar, brincam muito com os brinquedos disponíveis, comem de colherinha, deixando de lado a tão gostosa mamadeira. É interessante quando colocamos Márcio no chão e ele corre, depressa, para a prateleira, derruba os brinquedos, se agarrando nela até conseguir subir. Eduarda é considerada por nós um furacão, pois nada fica no lugar quando ela resolve explorar a sala. Tiago também aprendeu a engatinhar e adora mexer na estante e nos potes de brinquedos, deixando tudo espalhado no chão. Ingrid gosta e ri muito quando a gente canta e dança com ela no braço. Ela se esbalda nos risos. Adryan já está mais "solto" e disputando mais ativamente os brinquedos que quer tomar de alguém. Ele quase não chora mais nessas ocasiões, só quando alguém toma sua chupeta! Sara segura na grade do berço e já consegue ficar em pé, por isso achamos melhor mudá-la para um dos berços que é mais alto, evitando, assim, acidentes com a pequenina. Artur adora tomar os brinquedos dos colegas. Tem momentos que ele só quer brincar com os brinquedos de outra criança, o que gera muitas brigas entre eles. Catarina gosta de engatinhar por toda a sala, entrar e sair embaixo dos berços. Williane já senta sozinha e presta atenção a muitos movimentos que acontecem na sala. Ela gosta de repetir sons como se estivesse experimentando a fala. Quando chega a hora do jantar e Genilda (lactarista) liga o liquidificador para "passar" a sopa, Eduarda, Artur, Adryan e Márcio engatinham até a porta do lactário, sentam ali perto ou ficam batendo na porta, como se já soubessem que está chegando a hora de comer (Prof.ª Ladyclaire Pavão / CMEI Zacarias do Rêgo Maciel).

---

[1] Centro Municipal de Educação Infantil.

CAPÍTULO 1
CONHECENDO A CRIANÇA NO BERÇÁRIO: SUAS TRAMAS, INVESTIGAÇÕES E INTERLOCUÇÃO ATIVA

Tacyana Karla Gomes Ramos

Curiosas e investigativas, desde bebês, as crianças buscam e aproveitam oportunidades de exploração do contexto físico e do ambiente social: sobem, descem, engatinham, correm, mordem, brincam, perguntam e encontram diversos e criativos modos de lidar com o cotidiano e interagir com parceiros. Dessa forma, mostram-se ativas em seu desenvolvimento e investidoras na formação de vínculos, conforme nos conta a professora Roberta:

> Observo que as crianças exploram os brinquedos a sós, mas há muitos momentos em que elas procuram ficar perto de outras crianças enquanto brincam e, às vezes, pegam algum brinquedo para oferecer ao colega, como se dissessem: "Vamos brincar? Este é meu e esse é seu!" (Prof.ª Roberta Santos / Creche Municipal Vovô Artur).

A busca de proximidade física da criança com o parceiro de idade nos revela a orientação de sua atenção prioritariamente dirigida para ele. Ao selecionar o outro como alvo de interesse, a criança cria um campo de oportunidades de construções conjuntas e partilha de significados, a exemplo da oferta de brinquedos ao companheiro que pode ser interpretada pelo parceiro como um convite à brincadeira, conforme sugeriu a professora.

A observação da criança em interação social desvela seus estados motivacionais de orientação para o parceiro, companheiro eleito em suas tramas e busca de oportunidades de investigações, conforme descreve outra professora:

> Três crianças aproveitaram um momento para tentar subir num cesto que se encontrava emborcado no canto da sala. Fizeram um esforço grande: tentaram segurar uma nas outras, mas o grupo terminava caindo no chão. Elas novamente ficaram em pé, se apoiaram, perderam o equilíbrio, caíram de novo no chão. Depois, ficaram outra vez em pé, se agarrando nas alças do cesto, recomeçaram a tentativa de subida, mas no final nenhuma criança conseguiu subir no cesto que era muito alto para as possibilidades delas. (Prof.ª Clarice Novaes Carvalho / CMEI Roda de Fogo).

A situação apresentada nos mostra o quanto a criança parece investir na consecução de uma meta a ser alcançada coletivamente (subir no cesto), utilizando-se de estratégias para conseguir o seu intento: ela usa o apoio dos parceiros para resolver o desafio apresentado, mas, em seguida, seleciona outra estratégia quando percebe que o primeiro jeito não dá certo. Após as tentativas de subida, agarrando-se nos parceiros, a criança empreende esforços para subir, dessa vez, de um jeito diferente: segura nas alças do cesto como possível opção para solucionar o problema da perda do equilíbrio. Quando muda a estratégia de tentativa de subida no cesto, ela parece confrontar formas diferentes de resolução para o desafio inserido nessa situação.

Ao participar dessa atividade de exploração do contexto físico, a criança pôde modificar a sequência de suas ações, conforme o resultado obtido no seu esforço anterior, e não só o que fazer, como também como fazer para obter um resultado específico ou uma nova informação sobre a subida no cesto que ela buscou empreender.

Apesar de ainda não ter estruturado a fala, a criança expressa seus interesses e motivações através de seus recursos motores, vocais, da expressividade de sua fisionomia, de seus movimentos e no fluxo de um conjunto de informações que ela captura, principalmente, do parceiro, conforme podemos observar na experiência interativa a seguir apresentada:

Luiz (15 meses) afasta a mão de Vivi (17 meses), aparentemente incomodado pela parceira, quando ela empurra o dedo no ferimento de seu rosto. Diante da cena que observa, Mara (15 meses) reage com um grito alto que chama a atenção de Luiz, que repete em seu rosto o mesmo gesto que sofreu de Vivi: empurra o seu dedo no rosto de Mara. Ela reage, empurrando a mão do garoto, e entre eles a interlocução se sustenta por meio de um jogo imitativo que Luiz inicia balançando a cabeça pra lá e pra cá, como se dissesse "não, não", seguido de Mara que se ajusta, repetindo o mesmo movimento com a cabeça, olhando para ele. Como se observa, o grito provocou a atenção conjunta das crianças e a construção do compartilhamento de significados.

Vivi empurra outra vez o dedo no ferimento de Luiz, ele mostra-se incomodado e comunica seu desconforto, girando a cabeça para o outro lado e se inclinando. Nessa ocasião, Mara reage e assume a interlocução por meio do grito alto cujo esforço parece lhe ter provocado o engasgo. Vivi reage ao ouvi-lo, soltando o garoto, talvez por ter se assustado com o grito intempestivo de Mara ou pela expressão, aparentemente ameaçadora, que capturou da vocalização alta e extensiva da parceira. Como se faz notar pela reação de Vivi, o grito funcionou como um sinal regulador de seu comportamento: comunicou algo para a garota, ou seja, tornou-se um sinal portador de informações que viabilizou a interrupção do contato entre ela e Luiz.

No interior da situação apresentada, os sinais expressivos das crianças foram sendo acolhidos e interpretados pelo parceiro de idade, nos oferecendo pistas do quanto elas estavam monitorando as ações e as reações do outro, realçando a ideia de que não são passivas na relação social. Ao contrário, participam de diálogos, apreendendo informações e elaborando diferentes respostas para as manifestações do parceiro para consigo. A professora Ana Maria nos ajuda a demonstrar o argumento defendido quando descreve uma outra cena entre crianças que ela observou:

> Kethyle (10 meses) observa a educadora manusear um copo (desmontável) sanfonado. Ítalo (11 meses) aproxima-se da professora, chorando e apontando para o copo. A professora interpreta estas ações do menino como um pedido e entrega o copo para ele, que se cala. Kethyle observa Ítalo de longe, sai engatinhando pela sala na direção de um maracá colorido, depois pega o maracá e aproxima-se de Ítalo, oferecendo o maracá para ele com os braços estendidos. Ítalo, imediatamente, solta o copo, olha para ela e pega o maracá. Kethyle pega o copo, afasta-se de Ítalo e inicia a brincadeira de bater no chão com o copo (Prof.ª Ana Maria de Souza / CMEI Casinha Azul).

A orientação prioritária para o outro social e a interlocução ativa da criança, demonstrada pelas situações descritas, ganham novos contornos em trabalhos (CARVALHO; PEDROSA, 2003; TOMASELLO, 2003, por exemplo) que especulam a funcionalidade dos fenômenos comunicativos em objetivos partilhados. Nessa linha de proposições, a comunicação é entendida como um processo que envolve acordos entre parceiros, partilha de intenções e negociação de significados em situações socialmente relevantes e afetivamente envolventes.

Nosso comentário é ilustrado por meio de outros episódios de interações de crianças, videogravados em duas unidades educacionais da Rede Municipal[2] e descritos a seguir, cujo contexto motivacional/

---

[2] Os nomes das crianças são fictícios, conforme acordo realizado com as famílias na ocasião de autorização para publicação das imagens videogravadas das crianças.

funcional parece ser as manifestações emocionais que o outro expressa, a disputa por objetos, o convite para brincar ou o enredo de uma brincadeira conjunta, negociada através de emoções, estratégias imitativas, movimentos, olhares, gritos, choro, sorrisos e que circunscrevem ações socialmente contagiantes.

Na sequência, os dois próximos exemplos de interações indicam um clima de negociações entre as crianças, deflagrado pela disputa de objetos. Há outros exemplares idênticos ao alvo da disputa bem próximos a elas, mas o interesse se concentra naquele que está com o parceiro de idade, o que finda por contextualizar o embate entre as duplas. Dessa forma, há uma orientação da atenção para o que o outro está fazendo em função de um objetivo mútuo (possuir o objeto) que instiga o engajamento dos parceiros.

A professora Suzana nos conta como isso aconteceu na unidade educacional em que atua:

> A sala do berçário ganhou duas "cobras" feitas com tampinhas de garrafa *pet*, bem coloridas, que chamam bastante a atenção das crianças. Arthur (10 meses) explorava uma delas: balançava, jogava a cobra no chão, a colocava na boca. Estes movimentos chamaram a atenção de Evelyn (11 meses) que logo se aproximou para pegar o brinquedo. Puxa de um lado, puxa do outro, gritos das duas crianças, "olhares de socorro" e o choro começou. Foi quando me aproximei e ofereci para Evelyn a outra cobra que era igual, pensando que o conflito estava resolvido, mas que nada! Nem parecia que eu estava ali junto com um objeto igualzinho na mão, usando argumentos para acabar a briga, demonstrando como brincar com a outra cobra que estava comigo, mas que não adiantaram nada. Percebi que a questão estava no interesse da criança em pegar o objeto do outro e não aquele objeto igual ao alvo da disputa e que eu estava oferecendo para resolver a briga (Prof.ª Suzana Vilela Costa / Creche Municipal São João).

Mara (15 meses) e Noana (17 meses) também nos mostram como negociaram a posse de garrafas de boliche. Na ocasião de filmagem, existiam outros exemplares do brinquedo na sala, inclusive bem próximos a elas duas, mas o foco de interesse se concentrou naquele que estava com a outra parceira, gerando um embate entre as garotas, conforme descrito:

Mara olha para Noana, que está manipulando duas garrafas de boliche, se inclina e sai engatinhando na direção dela. Noana reage se virando para o outro lado com as duas garrafas na mão em resposta aos movimentos de Mara. Esta comunica seus esforços para conseguir uma das garrafas que Noana segura, puxando da mão da parceira aquele objeto.

Mara   Noana

Noana utiliza estratégias para dificultar o alcance do brinquedo, puxando a garrafa para perto de si e, em seguida, afastando o objeto para trás como resposta às investidas de Mara na consecução do brinquedo como se quisesse mantê-lo longe da parceira. Mara reage e sai engatinhando para pegar o brinquedo. Noana percebe essa investida da parceira e afasta a garrafinha, desta vez para mais distante, de forma que dificulta a consecução de Mara, que estende o braço e não alcança o objeto. Mara comunica à parceira sua persistência em ter a garrafinha que está com Noana se inclinando adiante, agarrando e puxando a garrafa das mãos de Noana.

Noana reage e puxa a garrafa para as suas mãos outra vez de forma a provocar um grito de Mara. O grito alto interrompeu a disputa: Noana solta a garrafa e Mara, ligeira, apanha a garrafinha e olha para ela.

Parte II Um convite às descobertas   49

Como se observa nessa situação de disputa em que as garotas estão engajadas, Mara e Noana constroem e compartilham significados através da (re)ação de cada uma em função da outra envolvida no processo. Dessa forma, é possível pensar que cada criança demonstra compreender que seus atos não estão isolados da parceira envolvida. Ao contrário, a atenção convergente à posse da garrafinha sugere um domínio partilhado de intenções que se traduzem em olhares e movimentos corporais ajustados ao objetivo de ter o objeto.

As próximas experiências interativas nos revelam indicadores de outros modos que a criança utiliza para conseguir acordos com o parceiro: ela parece emparelhar intenções, construir e compartilhar significados em brincadeiras coordenadas.

A sequência interativa em que Ned (12 meses) e Lip (18 meses) revezam gritinhos é um exemplo de uma brincadeira coordenada. Lip é quem inicia o jogo olhando e gritando para Ned; no turno seguinte, é a vez de Ned gritar, olhado para Lip, iniciando a construção de uma sequência. Lip assume a interlocução, reapresentando o gritinho ao parceiro, olhando para Ned; em seguida, Lip se cala, e é Ned quem assume o turno gritando com o olhar dirigido a Lip.

Ned   Lip

Como se faz notar, a sequência de gritinhos acompanhada do olhar para o outro funciona como um diálogo: o gritar e o olhar de

Lip para Ned é compreendido por este como um convite à brincadeira: Ned assume o turno e imita a ação de Lip, e assim sucessivamente. Pode-se dizer que essa é uma sequência comunicativa: as crianças constroem um jogo compartilhado, na medida em que se engajam em ações coordenadas em torno de um tópico, gritinhos. Elas comunicam que apreendem as características do jogo que brincavam e conseguem acordos por meio dos ajustes rítmicos.

No episódio seguinte, apesar de não ser possível saber como a brincadeira entre Joca (15 meses) e Licaly (15 meses) iniciou (as crianças já estavam brincando juntas quando aparecem em cena), as características do jogo compartilhado emergem e vão sendo transmitidas através da passagem alternada do brinquedo entre eles: ora o brinquedo é levado por Licaly até a mão de Joca, ora é a vez de Joca tocar o brinquedo e, em seguida, Licaly trazer o objeto para perto de si, emitir um gritinho e reiniciar a sequência. Essa conjugação rítmica de movimentos com o braço e a mão, durante a passagem do objeto, demonstra os acordos que as crianças empreendem para conseguir o engajamento no jogo coordenado. Dessa forma, a brincadeira se manteve até Licaly interromper a sequência de movimentos quando uma educadora lhe chamou. Trata-se, portanto, de outra sequência comunicativa em que as crianças utilizam seus recursos motores para expressar suas intenções e compartilhar significados.

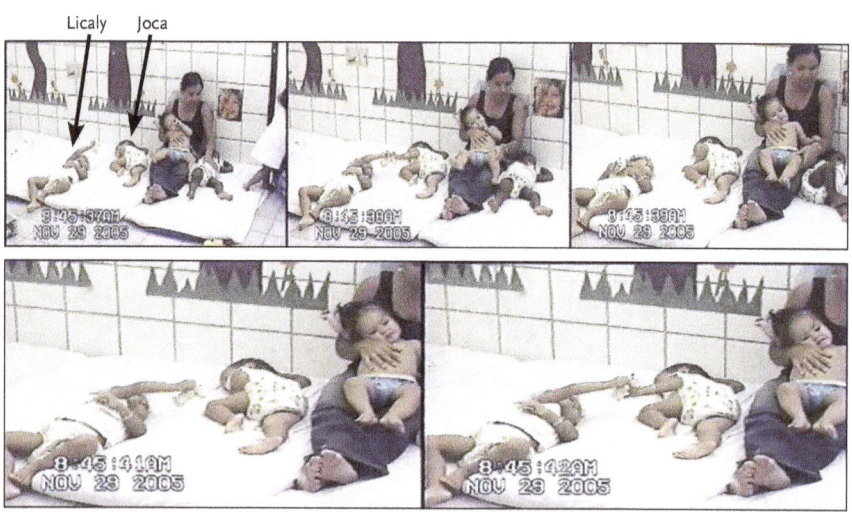

Nas sequências interativas a seguir descritas, os contatos entre Celi (20 meses) e Lara (20 meses) foram instigados verbalmente pela professora quando sugere, em vários momentos, que Lara inicie a brincadeira de mãos dadas: "Vem, Lara! (pausa). Cadê a roda, heim? Cadê a rodinha? Vamos brincar de rodinha! (pausa). Vamos? Vamos, Lara, brincar de roda? Pega na mão!" Isso, possivelmente, sinaliza estratégias empreendidas pela professora para desviar a orientação da criança que estava mexendo no aparelho de som (desligado da tomada).

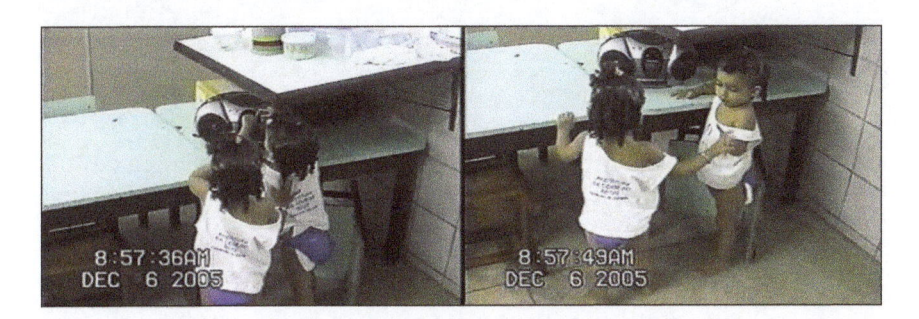

Lara demonstra que não permanece alheia às proposições do adulto: pega na mão de Celi e começa a balançar o corpo pra cima e pra baixo enquanto a professora entoa a cantiga de roda; depois, segura na outra mão da parceira, tal como o adulto lhe sugeriu, e passa a se movimentar de mãos dadas com Celi, indicando o acordo a respeito de significados atribuídos aos contatos verbais da professora. Dessa forma, a garota mostra que captura informações a respeito da brincadeira de se movimentar de mãos dadas, sintetizadas na melodia e nas palavras da professora que evocam a configuração da brincadeira de roda, experimentada diariamente pelo grupo.

No desenrolar da experiência interativa, as garotas de mãos dadas constroem uma brincadeira coordenada por meio de deslocamentos alternados pelo ambiente: Celi é quem inicia a brincadeira e comunica suas intenções puxando Lara até tocar com as suas costas na parede; no turno seguinte é a vez de Lara, que foi puxada pela parceira, comunicar a ela seu interesse e o engajamento no jogo, puxando Celi até se encostar no armário; Celi assume o turno, puxando Lara até seus pés quase tocarem no colchonete (a professora afasta o colchonete), em seguida, Lara puxa Celi até se encostar à mesa e dessa forma comunica que apreendeu as características da brincadeira.

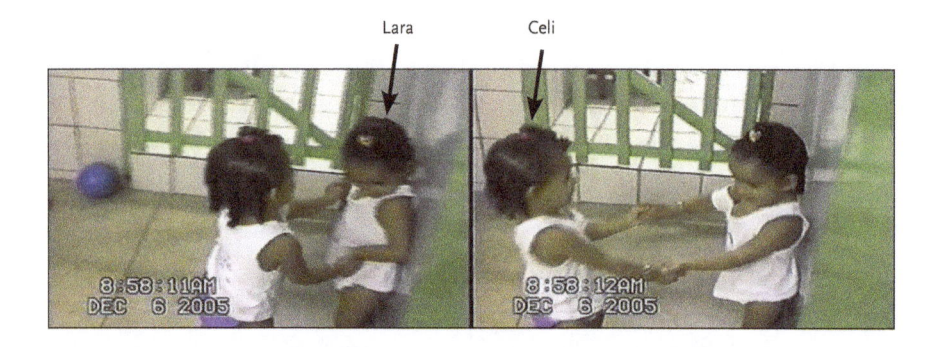

Nessa sincronia interativa, observa-se que cada criança comunica a outra o entendimento do enredo do jogo quando reapresenta a ação da parceira desdobrada em seus próprios movimentos corporais. Conforme demonstra o comportamento das crianças, há uma orientação da atenção para o que a outra está fazendo em função do objetivo mútuo (brincadeira de deslocamentos alternados) que engaja as garotas. Nesse caso, o compartilhamento do foco da atenção sustenta a construção e o curso de ações que dão andamento às suas interações, de forma que cada criança comunica à outra o entendimento do jogo por meio dos ajustes rítmicos e posturais.

Entretanto, o olhar de Enile (13 meses) dirigido ao jogo entre as garotas muda o curso de ações entre as parceiras que se regulam. Ao observar Enile, Celi interrompe a brincadeira e estende a mão, seguida por Lara, que imita a parceira, ocasião em que a professora interpreta esses gestos como um convite vindo das garotas para Enile entrar na brincadeira e, assim, estabelece o contato verbal com ela: "É, vai, Enile, brincar de roda, vai! (pausa) Pega na mão!" Como se faz notar na sequência de ações de Enile, ela captura dos gestos das parceiras o convite para brincar e o articula à fala da professora que lhe oferece um equivalente linguístico, soltando o brinquedo e segurando nas mãos de Celi e Lara.

Parte II Um convite às descobertas   53

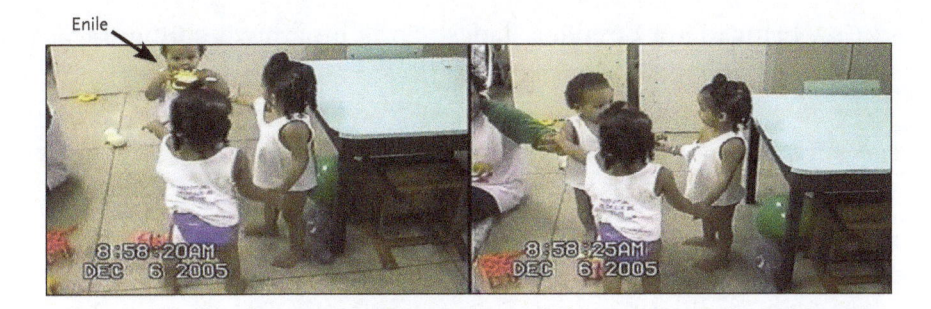

Dessa forma, a brincadeira ganha a adesão de Enile e se reinicia, mas muda a configuração quando Lara cai, ao puxar o grupo, e emite um gritinho. Celi comunica que gostou da proposição: ela reapresenta em seus movimentos o entendimento da nova forma de brincar entre elas, ao jogar-se no chão, sorrindo e emitindo um gritinho. Enile olha e se abaixa, mostrando que também compartilha significados sobre o enredo da brincadeira com as parceiras.

Lara e Celi mostram-se interessadas em reiniciar a brincadeira, tanto é que se dão as mãos. Lara percebe que Enile está com a mão no olho e parece interessada em recuperar a atenção da garota à brincadeira, usando estratégias para conseguir seu intento: olhando para ela, vocaliza algo, retira as suas mãos do rosto e a segura pela mão. Dessa forma, a brincadeira, outra vez, recomeça, e o entendimento do enredo do jogo vai se propagando no grupo: Celi joga-se no chão, emite um gritinho e parece comunicar que gostou desse movimento, sorrindo. Lara reapresenta em seus movimentos a compreensão da brincadeira: senta-se rapidamente, emite um gritinho e olha para Celi, indicando compartilhamento. Enile comunica que também gostou da proposição e reapresenta em seus movimentos o entendimento da forma de brincar entre elas: cai no chão, sorri e olha para Lara e depois para Celi.

A brincadeira de mãos dadas ganha uma nova configuração quando a professora atribui significados aos movimentos das crianças de ir ao chão e gritar como sendo parte da brincadeira "atirei o pau no gato", traduzidos em sua fala: "elas querem fazer miau!" Ressalta-se mais uma vez o valor semiótico dos gestos das crianças que passam a circunscrever as ações do grupo por meio de seus movimentos e por meio da fala da professora que se mostra atenta e transforma "as mãos dadas" em uma brincadeira de "atirei o pau no gato", logo após o choro de Lara ter desfeito os contatos entre as crianças.

O próximo episódio evidencia uma dinâmica interacional específica em que há definição e articulação de papéis construídos a partir das manifestações emocionais que o parceiro comunica. Na situação descrita, as sequências de comportamentos de ajuda e de conforto demonstram um emparelhamento de emoções que possibilitou uma forma de entendimento entre as crianças:

Toni (15 meses) expressa sua emoção de desconforto através do choro alto que se propaga pelo ambiente. Não é possível saber a causa deflagradora do choro de Toni, pois as imagens anteriores do garoto são rápidas e sem um foco definido. Apesar disso, quando aparece em cena, ele apresenta sinais de desconforto em sua fisionomia contraída e choro intenso que se propaga no ambiente, orienta a atenção de Drile (17 meses) e da professora, que se mostram sensibilizadas. Isso é possível, segundo Wallon (1971), porque a emoção provoca reações similares nas pessoas e, assim, deflagra contatos sociais.

A professora interpreta o choro da criança como sendo um pedido de ajuda, interrompe a atividade com o grupo, gira o corpo na direção de Toni, lhe convida para o colo, flexionando os dedos e verbalizando: "venha cá, venha", nos dando indicadores do papel de suporte que assume. Drile demonstra que não permanece alheia ao desconforto do parceiro quando assume junto com a professora um papel de suporte e de ajuda: interrompe a brincadeira com o grupo, levanta-se, apanha uma fralda com chupeta que encontrou na sala, olha e aponta para o garoto, sinalizando interesse com o seu desconforto, depois olha para a professora que lhe fala: "dê a ele, dê!", apoiando as iniciativas da garota. É provável que esses movimentos de Drile tenham sido compreendidos pela professora como sinais de interesse em ajudar Toni. Drile também atribui significado à fala da professora e às ações de conforto dirigidas a Toni pela professora, realizadas alguns segundos antes, e se desloca até o garoto, tal como a professora lhe sugeriu. Ela revela suas intenções de ajuda e conforto ao parceiro quando lhe introduz a chupeta na boca, e a professora dirige suas manifestações de cuidado e conforto por meio do contato verbal com ele, dizendo: "tome! É a chupeta... pronto!"

Como se observa nas ações de Drile, ela mostra-se empática ao sentimento de Toni, ou seja, capaz de adotar a perspectiva do outro e envolver-se com os sentimentos do par, conforme comenta Pedrosa (1996). Podemos, nesse caso, supor que, ao assumir a perspectiva afetiva do parceiro, Drile partilha significados com Toni, recorrendo aos seus atos para "pronunciar" a sua percepção e sentidos que atribuiu aos estados e às expressões emotivas que ele lhe comunicou através do choro intenso. Dessa forma, Drile mostra sua forma de entendimento com o parceiro.

Qual a importância da participação da criança nessas experiências sociocomunicativas? Mais uma vez recorremos à observação da criança em interação social para a busca de elementos que nos aproximem da resposta desejada: nas situações interativas apresentadas, há uma orientação da atenção para o que o outro está fazendo em função de um alvo mútuo que engaja os parceiros. Diante disso, é o compartilhamento do foco da atenção e a possibilidade de se perceberem fazendo isso que interconecta os significados, viabilizando a apreensão e o curso de ações que dão andamento às relações entre as crianças. Isso gera a possibilidade de pensar que cada criança demonstra compreender que seus atos não estavam isolados do parceiro envolvido. Ao contrário, a atenção convergente a uma brincadeira, emoção ou atitudes lhe inseriu num domínio partilhado de intenções, permitindo que ela pudesse capturar e responder às diferentes manifestações comunicativas que o parceiro expressou. Estamos falando de uma intencionalidade sociocomunicativa construída no fluxo de comportamentos entre parceiros que, dinamicamente, selecionam e interpretam as re(ações) que o outro expressa corporalmente, desdobrando os sinais que interpreta em ações com o seu próprio corpo e que traduzem suas próprias intenções de se comunicar com o par.

É nesse contexto socialmente acolhedor que a aquisição da linguagem vai se consolidando: a criança experimenta a possibilidade de apreender e responder às intenções do outro, mergulhada no exercício de ajustes necessários à criação e partilha de significados, desenvolvendo a capacidade de representar ideias em níveis elevados de complexidade e a utilização da fala articulada em situações culturalmente elaboradas (cf., por ex., WALLON, 1986a e 1986b; BUSSAB, 1999; TOMASELLO, 2003).

Nessa trilha de proposições, não se pode pensar em processo de desenvolvimento da pessoa sem compreender o significado das trocas entre a criança e seus outros sociais. A interação conduz ao desenvolvimento psíquico do bebê. Ela é esse espaço para as trocas comunicativas ocorrerem, onde determinados comportamentos de ambos os parceiros são destacados e assumem uma significação que é construída, processualmente, em conjunto (PEDROSA, 1996; AMORIM; VITÓRIA; ROSSETTI-FERREIRA, 2000; ALMEIDA; ROSSETTI-FERREIRA, 2001; ANJOS *et al.*, 2004).

A perspectiva teórica aqui adotada, a socioconstrutivista, concebe o processo de desenvolvimento ocorrendo por meio de complexas redes de relações das crianças entre si e das crianças com adultos. Assim, no ambiente educacional da creche ou CMEI, as interações de crianças e professoras são processos promotores de desenvolvimento socioafetivo da criança. A nosso ver, esse ambiente parece ser um rico meio para o desenvolvimento da criança quando se configura como um espaço intencionalmente planejado, que oferece múltiplas oportunidades para as aprendizagens infantis, com respeito às singularidades do seu desenvolvimento. A professora Edite fortalece e amplia nosso argumento quando comenta que

> um ambiente para as aquisições socioafetivas dos bebês precisa respeitar as necessidades da criança, deve ser agradável para se estar e ter uma rotina coerente com a faixa etária. A organização do ambiente deve favorecer muitos momentos de interações e brincadeiras entre crianças, em espaços que permitam trocas de experiências e comunicação (Prof.ª Edite Xavier / CMEI Professor Paulo Rosas).

CAPÍTULO 2

UM AMBIENTE PEDAGÓGICO SIGNIFICATIVO PARA A CRIANÇA SE DESENVOLVER

Tacyana Karla Gomes Ramos

> O ambiente pedagógico precisa ser bem planejado, criativo, seguro, com experiências cheias de alegria, explorações e descobertas para as crianças (Prof.ª Clarice Novaes Carvalho / CMEI Roda de Fogo).

É num ambiente rico em experiências investigativas e exploratórias que a criança vai elaborando a compreensão de si e do mundo social no qual interage: à medida que conhece a unidade educacional e o seu entorno por meio de deslocamentos, expressa sentimentos e intenções, experimenta sensações, apreende os cheiros que circulam, percebe a temperatura e a luminosidade do local, interage com pessoas em distintas situações, descobre diferenças e semelhanças entre a voz de quem lhe cuida, no jeito de ser pega no colo, no movimento, nos elementos que caracterizam os objetos que manipula, na brincadeira com parceiros e num conjunto de outras situações atrativas que lhes permitam extrair significações e avanços na sua autonomia. Neste cenário estimulante, a professora Clarice acrescenta que o ambiente precisa ser bem planejado, fato que põe em relevo o papel do professor na configuração desse espaço propulsor das aquisições da criança e que também revela as suas concepções sobre o desenvolvimento infantil.

Construindo um ambiente propulsor das aquisições socioafetivas de bebês

O ambiente se constitui num contexto de construções sociais e um rico meio de a criança se desenvolver através de suas vivências, explorações, oportunidades de interações, no uso ativo de recursos que ela emprega para se comunicar, agir, significar (ROSSETTI-FERREIRA; AMORIM; SILVA; CARVALHO, 2004; WALLON, 1986; ZABALZA, 1987).

Nessa trilha de proposições, as ideias que circunscrevem um ambiente favorável ao desenvolvimento da criança enfatizam a natureza social do desenvolvimento da afetividade, da linguagem e da cognição, situando elos entre algumas dimensões que serão comentadas a seguir e que estão destacadas no texto.

Um ambiente favorável ao desenvolvimento da criança possui uma *dimensão física rica em objetos e arranjos espaciais que proporcionem inúmeras explorações e construções conjuntas*. A professora Edite nos mostra um jeito de organizar espacialmente a sala, criando espaços delimitados pelo mobiliário, territórios que favorecem a proximidade das crianças, o engajamento numa brincadeira conjunta pela atenção ao que o outro está fazendo e um clima de segurança emocional e privacidade:

> Observo a importância de organizar os múltiplos espaços na sala do berçário de modo que eles estimulem a exploração e o interesse da criança, lhes ofereça situações desafiadoras, possibilitando o desenvolvimento de suas capacidades em situações interativas. Para isso, coloco os berços em forma de zigue-zague, permitindo a criação de ambientes/espaços semiabertos, que garantem a possibilidade da criança me ver, deixando-a dessa forma tranquila quando ela vai em busca de um objeto que tenha despertado sua curiosidade ali por trás, percebendo que a professora continua na sala e, ao mesmo tempo, brincando só ou interagindo com um ou mais parceiros que ela escolhe para brincar (Prof.ª Edite Xavier / CMEI Professor Paulo Rosas).

Uma outra professora nos conta como pôde aproveitar a configuração espacial da sala, planejada de modo que ela pudesse observar a criança que estava atrás dos berços, sugerindo uma proposta atraente para ela brincar, apoiando suas iniciativas:

> Estava na mesinha dando o almoço a uma criança e notei que Rafael (11 meses) estava em pé atrás de um berço, olhando para mim. Então, comecei a chamá-lo e começou uma brincadeira de se esconder e depois mostrar o rosto por detrás do berço, assim: ele se escondia, eu falava: "cadê Rafael? Quem sabe?" Depois de alguns segundos, ele aparecia por detrás da grade do berço, olhava pra mim, ria e eu então falava: "ah...! Achei! Ele está ali!" Daqui a pouco já estavam umas três crianças, engajadas na mesma brincadeira que se repetiu várias vezes (Prof.ª Maria de Fátima Cerquinho / CMEI Creusa Arcoverde de Freitas Cavalcanti).

A posição do berço permitiu que Rafael pudesse brincar ali atrás e também ofereceu condições para a professora visualizá-lo e aproveitar suas motivações para interagir com ele, condições essas capturadas numa ocasião de monitoramento das ações da criança empreendido pelo adulto. O garoto experimentou uma proximidade visual com a professora e entre eles um jogo compartilhado se iniciou por meio do contato verbal dirigido à criança, deflagrado pelo seu olhar direcionado ao adulto, que foi interpretado como um convite à brincadeira. O acordo entre os parceiros foi se constituindo num enredo de se esconder atrás do berço e em seguida se mostrar para o adulto que lhe falava, inclusive, ganhando a adesão de outras crianças que puderam observar a cena.

A professora Roberta nos mostra como planejou um ambiente investigativo para a criança brincar e que aumentou muito as possibilidades de interações no grupo quando ela disponibilizou objetos situados em locais distintos na sala:

> Propus a exploração de objetos diversos na sala, que foram espalhados em pontos diferentes para que as crianças pudessem formar grupos diferenciados de brincadeiras, seguindo intencionalidades diferentes (Prof.ª Roberta Santos / Creche Municipal Vovô Artur).

O ambiente do berçário mostra-se propulsor das conquistas infantis quando permite que a criança ressignifique suas hipóteses a partir de sua interação com fenômenos, objetos e situações sociais, num percurso ativo de (re)elaboração de ideias, confronto de pontos de vista, transformando suas explorações em conhecimento, saberes e representações do contexto cultural que a circunscreve.

A organização do ambiente educacional que considera a criança como construtora ativa de conhecimentos orienta-se pela *permanente exploração de situações pessoalmente significativas e coletivamente agradáveis, nas quais o interesse que os bebês têm acerca do mundo é a mola que impulsiona a elaboração de suas ideias, comparações e significações de forma que eles possam consolidar aprendizagens com parceiros.*

A esse respeito, as crianças que integram os próximos episódios confirmam a ideia de que as trocas interpessoais permitem inúmeras construções conjuntas, possibilitando (re)criações de ações outrora estabelecidas, revelando elementos da cultura como algo dinâmico e nos dando pistas de como a criança apreende as características socioculturais do ambiente. Tais argumentos se verificam, por exemplo, no primeiro episódio *Brincando de ninar*, quando Lilica (15 meses) brinca de ninar Geno (15 meses), trazendo para aquela situação, por meio dos movimentos que realiza (balançar o bumbum do parceiro e vocalizar "aaa"), o significado contido numa situação de cuidado com o outro que acontece na sala diariamente. Como se observa, as atitudes e posturas de Lilica são evocadoras da situação de ninar que ela capturou das situações culturais que selecionou.

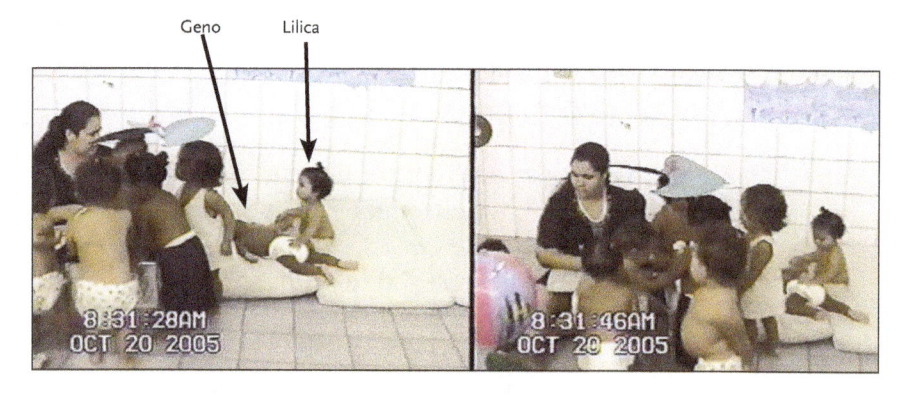

No episódio *Fingindo ser professora*, Celi (20 meses) também investe sua atenção na brincadeira de imitar as professoras por meio das ações que realiza: limpa o nariz de Malu com o mesmo material usado pelas professoras na higiene das crianças, ajusta-se às ações que as professoras realizam em muitos momentos do episódio, conforme veremos.

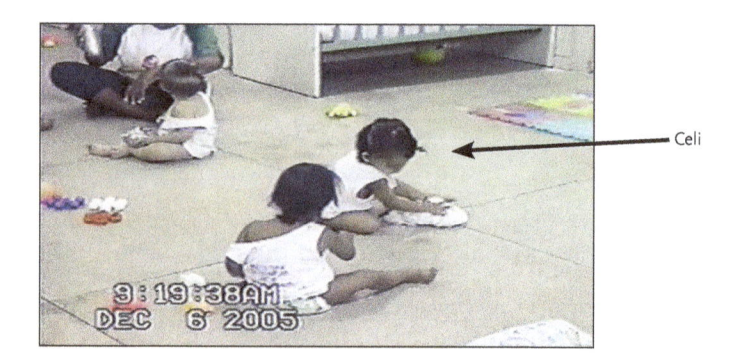

Celi limpa o chão molhado igual a uma educadora, esfregando-o com um pano.

Celi ajuda a educadora a levar o cesto de brinquedos para ser lavado, arrastando-o pela sala.

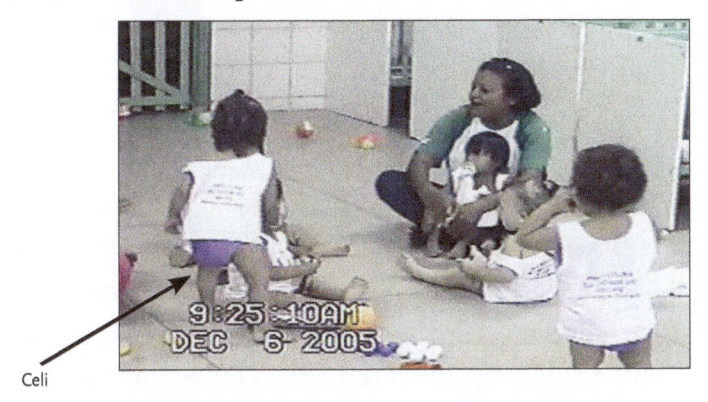

Celi esfrega desajeitadamente o papel toalha no nariz de Malu como se quisesse remover a secreção, imitando as ações da Auxiliar de Desenvolvimento Infantil, realizadas momentos antes.

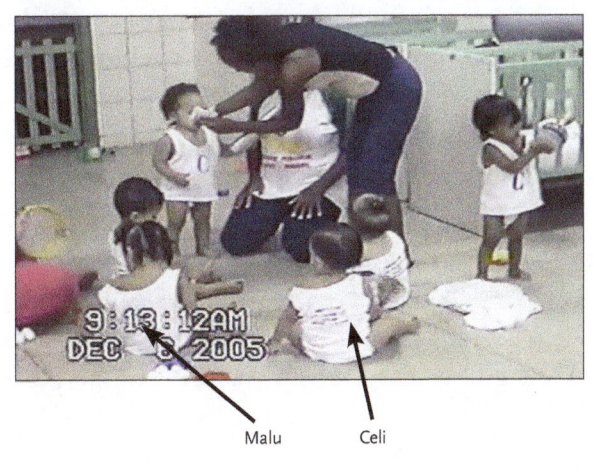

A professora Edite nos apresenta um outro enredo imitativo que aconteceu no CMEI em que atua. A cena por ela descrita, mais uma vez, apresenta indicadores de como a criança apreende as características socioculturais da unidade educativa, reapresentando em suas ações as atitudes de seus companheiros adultos, capturadas de situações cotidianas em que observa e compartilha significados. Interessante notar que, apesar de estarem em espaços diferentes e situados em momentos distintos no tempo (Lilica foi filmada em 2005, e Artur Manoel está no berçário atualmente), os dois guardam entre si semelhanças nas ações de exploração do contexto social, nos dando indicadores de que a criança, desde muito cedo, produz ativamente cultura na interação com seus companheiros:

> Observei que em alguns momentos, quando tem algum adulto colocando uma criança para dormir, Arthur Manoel (13 meses), às vezes, deixa seu brinquedo e vai ajudar a educadora a botar o parceiro para dormir. Ele fala "aaaaah" e balança o bumbum da criança com a sua mão, imitando o adulto, e já botou a sua chupeta na boca da outra criança mesmo que esta não queira usá-la (Prof.ª Edite Xavier / CMEI Professor Paulo Rosas).

Ao imitar as ações das professoras, as crianças das três unidades educacionais nos revelam elementos de que selecionam aspectos culturais do ambiente e que vão, dinamicamente, ressignificando-os em suas ações com os parceiros. Nesse sentido, o comportamento imitativo revela possibilidades de a criança demonstrar sua compreensão a respeito das informações que captura do meio sociocultural no qual interage e demonstra a ideia de que a imitação se constitui num rico meio de a criança agir sobre o ambiente e apreendê-lo. Cabe pontuar que a repetição dos atos do outro social que a criança realiza não é automática, nem mecânica. Ao contrário, para ela reapresentar em suas ações o comportamento das educadoras, por exemplo, ela precisa examiná-lo, selecionar o que repetir e definir como fazê-lo, o que lhe exige observação atenta e ajuste corporal e vocal.

A partir desses elementos, é possível supor que a brincadeira de imitar o modelo do adulto propiciou um campo de oportunidades para a criança ir (re)significando, transformando as experiências vividas, viabilizando a efetivação de processos internos de desenvolvimento que impulsionam a capacidade de representar situações, personagens, enredos e intenções através de meios verbais coletivamente consolidados. Orientada por esses indicadores e centrada nas aquisições infantis, *a meta do trabalho pedagógico busca o favorecimento da evolução do pensamento da criança, o conhecimento de si, a criação e a partilha de significados, o desenvolvimento da autonomia, da capacidade de representação e da linguagem, da imitação, da diferenciação de papéis sociais, da transmissão e (re)criação de elementos culturais em situações desafiadoras e afetivamente envolventes.*

Nessa trilha de proposições, *o professor assume um papel de investigador do que a criança pensa e sente* na medida em que se torna *um parceiro acolhedor e intérprete da rica diversidade de manifestações infantis, atento e analista de suas hipóteses*, considerando os recursos e as estratégias que a criança utiliza para se comunicar:

> Eu percebo as competências comunicativas da criança através das ações do bebê: seus gestos, movimentos, choro, sorrisos, quando um deles se aproxima e pega na minha mão, levando-me em direção ao que está desejando naquele momento, por exemplo (Prof.ª Edite Xavier / CMEI Professor Paulo Rosas).

Eu participo das ações comunicativas dos bebês como interlocutora dando significados aos gestos e atitudes das crianças (Coordenadora Pedagógica Kelma de Souza Leão / Creche Dr. Albérico de Souza Dornelas[3]).

O trabalho de escuta e atenção às possibilidades expressivas da criança possibilita que as professoras conheçam os modos próprios de pensar e a versatilidade de ações sociocomunicativas que a criança empreende para partilhar seus desejos, necessidades e intenções, pois

> a criança é capaz de se comunicar antes mesmo de ter desenvolvido a fala, com uma linguagem "específica" que, às vezes, a gente não consegue entender. No momento em que a gente passa mais tempo com ela, observando o seu jeito de interagir,

---

[3] Unidade Educacional que atende os filhos dos funcionários da Prefeitura do Recife.

> de mostrar suas preferências, a gente vai atribuindo significados aos movimentos, gestos, choros, risos e vai reconhecendo suas estratégias de interação social. Assim a gente, que é educador, pode compreender o quanto a criança é capaz (Texto coletivo produzido em 16/04/08).

Diante da versatilidade da criança em sua busca ativa de informações e coconstruções, a organização do ambiente pedagógico do berçário busca *o respeito aos diferentes tempos, ritmos, necessidades e motivações dos bebês*. A esse respeito, a professora Maria Virgínia amplia nossas proposições quando acrescenta que "o planejamento pedagógico deve ser elaborado para atender às disposições dos bebês, respeitando o ritmo de cada criança, mas, também, estimulando-os e apoiando-os para que o próximo passo seja dado no sentido do seu desenvolvimento" (Prof.ª Maria Virgínia Batista / CMEI É Lutando que se Conquista).

Esse argumento ganha concretude nos comentários e ações da professora Silvana, que interage com a família para *capturar elementos que configuram as especificidades de cada criança e montar as suas práticas, seguindo os indicadores apontados pela família e a história social da criança que frequenta a unidade educacional*:

> Quando uma criança chega na unidade educacional, investigamos toda a sua história de vida para a gente poder conhecê-la melhor, saber quem são os seus pais, o que fazem, quais são as preferências da criança, as coisas de que ela não gosta, o jeito que ela gosta de dormir, se tem irmãos na unidade educacional, como está a sua saúde. Nessa avaliação, a gente busca adquirir um olhar mais específico para cada criança e que aspectos precisam ser respeitados, acompanhados e desenvolvidos. Daí então, adaptamos o nosso planejamento de ações com o berçário a partir dessas perspectivas (Prof.ª Silvana Felipe / CMEI da Mangueira).

O respeito ao jeito próprio da criança, suas preferências e singularidades é realçado nos comentários de uma outra professora que sugere como favorecer um *clima afetivo promissor de vínculos e segurança emocional* para o bebê:

Cada criança tem suas peculiaridades que precisam ser reconhecidas. Por exemplo, tem criança que gosta de dormir segurando um paninho, outras não gostam de travesseiro, outras chupam chupeta. Daí a organização do espaço tem que respeitar esses gostos, favorecendo a tranquilidade e a segurança emocional do bebê (Prof.ª Maria de Fátima Cerquinho/ CMEI Creusa Arcoverde de Freitas Cavalcanti).

Um olhar mais atento sobre o trabalho realizado no ambiente pedagógico do berçário vislumbra a complexidade desse período rico em possibilidades de construções com o bebê e aponta para a implementação de propostas educativas contextualizadas nas singularidades dessa faixa etária, com uma *intencionalidade pedagógica advinda do professor quando ele adota uma postura de observação, de reconhecimento das competências da criança e configura um contexto socialmente acolhedor, cheio de brincadeiras e possibilidades de coconstruções*, conforme explica a coordenadora pedagógica Kelma:

> Organizamos o espaço pedagógico de forma que o mesmo se torne um ambiente acolhedor e de construção de significados: as crianças têm livre acesso aos espaços e brinquedos da sala. As atividades com as crianças são realizadas com os diferentes grupos que vão se formando porque as crianças escolhem com quem vão brincar e de que elas querem brincar. Eu vou observando e apoiando as crianças em suas atividades. É através desta observação que busco organizar atividades que atendam aos interesses, necessidades e singularidades do desenvolvimento infantil (Coordenadora pedagógica Kelma de Souza Leão / Creche Dr. Albérico de Souza Dornelas).

Nesses momentos em que as crianças estão brincando, a professora pode investigar os objetos e as atividades que provocam maiores interesses do grupo, a ocorrência de episódios interativos, o jeito de disputar objetos, estratégias empreendidas na negociação pela posse deles, aprender a conhecer e atribuir significados aos sinais comunicativos que as crianças utilizam para expressar seus desagrados e preferências, inquietações e tramas. Tudo isso circunscrito por um conjunto de oportunidades que permitam a realização de brincadeiras diferentes, organizadas em função dos interesses de distintos agrupamentos de crianças que vão se formando, à medida que elas circulam pelos espaços do ambiente, escolhendo os parceiros e os tipos de brincadeiras de que querem participar. Estamos falando da organização de *atividades situadas numa rotina educativa, inserida num conjunto de situações planejadas e orientadas por um objetivo específico que o professor queira desenvolver, mas que, além dessa intencionalidade própria do professor, as iniciativas das crianças sejam acolhidas e inseridas na organização didática*. A consolidação dessas práticas vislumbra possibilidades de incentivo às diversas manifestações infantis, de valorização das competências interativas da criança num elo entre afetividade e cognição:

> O que eu procuro fazer é planejar olhando para a criança, buscando o que a gente pode conhecer da criança, entender o jeito dela pedir as coisas, de mostrar o que gosta, o que incomoda, por exemplo. Eu procuro aquilo que posso aprender com as crianças prestando atenção nas interações que ela vai estabelecendo com os seus pares, com os objetos e com a gente que é adulto (Prof.ª Jacqueline Oliveira / Creche Professor Francisco do Amaral Lopes).

Ao percorrer as diferentes dimensões e espaços do berçário, percebe-se, com clareza, que esse primeiro ano de ingresso na unidade educacional tem um papel fundamental no percurso de desenvolvimento infantil. Nesse cenário, compreender as especificidades do desenvolvimento dos bebês é fundamental para o professor organizar um ambiente de vivências, convivências e aquisições que respeitem e impulsionem aquelas conquistas necessárias à ampliação do conhecimento do mundo físico e social. Esse campo instiga uma *atitude de investigação do que a criança já sabe, suas preferências, como se expressam, quais as suas intenções, o possível propósito de cada gesto, o que está por trás do choro e de proposições de desafios que sejam relevantes e que façam sentido para ela*. Tudo isso remexido com muita reflexão, conforme nos contam as professoras:

> Eu procuro prestar atenção e explorar todo o repertório gestual da criança, seus sinais expressivos que viram comunicação na interação com os parceiros (Prof.ª Tatiana Barros / CMEI Novo Pina).

Eu interpreto os processos comunicativos da criança como ações socialmente ativas que mostram o quanto ela quer se comunicar mesmo sem ter a fala presente, ser acolhida, reconhecida como alguém capaz de aprender, de se relacionar com os outros, com o mundo. Eu procuro favorecer muitas situações de interações no berçário com o objetivo de contribuir para o desenvolvimento linguístico, social, afetivo e cognitivo da criança (Prof.ª Ana Rosa Varela Buarque / CMEI Sementinha do Skylab).

Como professora, procuro focar o meu olhar nas diversas expressões comunicativas dos bebês para melhor interagir com eles. O olhar sensível do adulto é indispensável no processo de desenvolvimento sociocomunicativo e na aquisição da linguagem infantil. Através da observação e escuta atenta da criança, nós professores podemos compreender o jeito dela se comunicar. Evidentemente que muitas vezes esta tarefa não é fácil e requer tempo para que se possa conhecer as estratégias comunicativas da criança para melhor entendê-la. Como interlocutora, preciso estar atenta aos momentos e sinais sociocomunicativos dos bebês para poder participar de interações com eles (Prof.ª Cibele Albuquerque / CMEI Brasília Teimosa).

Quando comentam sobre suas atitudes interativas e de acolhimento às manifestações infantis, as professoras demonstram como é possível favorecer as aquisições sociocomunicativas da criança, reconhecendo-a enquanto sujeito socialmente competente e capaz de organizar suas percepções e expressá-las criativamente, atribuindo diferentes sentidos ou, quem sabe, elaborando novos significados àqueles propostos pelo interlocutor. Nessa trilha de proposições, oferecer a ajuda necessária para o desenvolvimento das ideias da criança, apoiá-las na interpretação de suas ações, na ressignificação de seus atos, são pontos importantes num ambiente pedagógico que considera e impulsiona o modo próprio de agir, de pensar e de sentir da criança.

Em consonância com essas ideias, uma outra professora nos conta como valoriza a intenção comunicativa da criança para propiciar *um contexto dialógico significativo*, em que os bebês experimentam participar de situações comunicativas, apoiados pela parceria do adulto:

> Se estou brincando de "serra-serra-serrador" com uma criança e as demais ou algumas delas se aproximam e esticam os braços, eu entendo que eles querem brincar e eu falo: "Você quer também? Já, já é a sua vez de brincar." Se eu estou cantando uma determinada música e uma criança pega nas orelhas, penso e falo: "ela quer brincar de gata pintada", e quando acabo de cantar a música, começo a cantar gata pintada. Quando vejo outra criança com o dedo indicador tocando na palma da mão, penso que ela quer cantar "meu pintinho amarelinho cabe aqui na minha mão" e canto essa música. Assim vou atendendo aos diversos pedidos dos bebês. Alguns bebês, quando estão com a fralda molhada ou suja, choram, apontam, puxam ou querem tirá-la. Outros, quando querem água, apontam para o local onde estão as mamadeiras ou dizem "aba". Assim vou tentando compreendê-los, atendendo às suas necessidades e insatisfações, tendo como retorno um sorriso, um gritinho, uma cara feliz ou um olhar mais demorado para mim (Prof.ª Maria Virgínia Batista / CMEI É Lutando que se Conquista).

Esse desafio realça uma postura político-pedagógica que despreza o modelo assistencialista, as propostas espontaneístas de atendimento à criança, a identificação com o modelo familiar ou a antecipação de ações do Ensino Fundamental. Nessa perspectiva, compreender a criança, suas estratégias para interagir, se comunicar, explorar e interpretar o ambiente ao seu redor, permite que as ações da unidade educacional se ajustem de forma favorável às aquisições infantis.

Nesse processo de efetivação da práxis pedagógica, evidencia-se um movimento entremeado por conflitos, idas e vindas, que permite ao professor revisitar sua atuação e se reconhecer noutras práticas, num movimento que abre espaço para a efetivação da finalidade da Educação Infantil, qual seja, o desenvolvimento pleno e integrado da criança e o direito a uma infância feliz desde o comecinho da vida.

Quem vai querer tomar banho?

A hora do banho é um momento socioafetivo importante na creche, e por que não tornar esse instante cada vez mais rico, prazeroso, um momento de troca afetiva significativa em que a criança possa interagir e participar com o adulto? Para a criança que ainda tem medo ou chora, por exemplo, será uma oportunidade de aumentar a confiança no adulto. Para isso é importante que a água na banheira esteja numa temperatura agradável, de preferência cheia de bichinhos de borracha para a criança brincar enquanto recebe o banho. É bom deixar perto a toalha, sabonete, xampu, perfume, pente ou escova, fralda e a camiseta para que a criança não espere muito para ser enxuta, não sinta frio e não chore. Antes do banho começar, é bom informar a criança o que vai acontecer, dizendo para ela: "você vai tomar um banho maravilhoso" e continuar falando enquanto o banho vai acontecendo: "agora vamos lavar a cabeça com xampu, vamos tirar agora todo o xampu da cabeça"... Ao lavar a mão pode-se perguntar para ela: "Cadê sua mãozinha?", e quando for lavar a barriga dizer: "cadê sua barriga?" E assim sucessivamente... Quando for enxugar a criança, é bom continuar falando com ela enquanto for fazendo as coisas: "vamos enxugar as pernas, o rosto, vamos vestir a roupa, pentear o cabelo, passar o perfume no corpo." Depois a gente pode convidar as crianças do grupo para dar cheirinhos em quem tomou banho e está bem fresquinho, dizendo: "olha como ela (a criança) está bonita, cheirosa, de banho tomado. Quem vai querer tomar banho também?" (Prof.ª Tatiana Barros / CMEI Novo Pina).

Em sua fala, a professora Tatiana situa o banho como um contexto socioafetivo importante, rico em possibilidades de trocas entre a criança e o adulto que cuida dela. Trata-se de uma aconchegante oportunidade de comunicação e partilha de significados, por meio de interações prazerosas, que introduzem a criança no universo discursivo que é próprio da língua materna, quando a professora conversa com ela durante o banho, abrindo possibilidades para a criança expressar o que sente, revelar suas percepções, assumir uma posição de interlocutora, em situações bastante significativas para ela.

Dentro dessa configuração, a professora também nos mostra como desenvolver com o bebê uma intensa comunicação afetiva, um diálogo baseado em componentes corporais e expressivos: a maneira de mudá-lo de posição na banheira, de lavar as diferentes partes de seu corpo, a tonalidade de voz dirigida a ele, o contato físico carinhoso são modos que ele vai podendo discriminar e, assim, expressar suas preferências ou desagrados. Estamos falando da afetividade enquanto espaço que permite uma relação com o outro, intensificada quando o adulto que cuida da criança reconhece que o bebê, mesmo ainda dependente dos seus cuidados, já está se esboçando como pessoa, como um ser singular, que precisa ser reconhecido como tal.

A esse respeito, Wallon (1968) nos conta que não se pode pensar em processo de desenvolvimento da pessoa sem compreender o significado das trocas entre a criança e seus outros sociais. Acreditando nisso, ele atribui à criança uma competência social desde muito cedo, quando suas ações são ainda emocionais. Dessa maneira, as interpretações dos outros sociais são constituidoras do sujeito humano, ocorrendo por meio de processos comunicativo-expressivos presentes nas interações sociais, a exemplo das atitudes que circunscrevem as sugestões da professora Tatiana para as ocasiões de banho.

Nessas situações partilhadas de cuidados e de conforto que a criança recebe cotidianamente na unidade educacional, ela vai desenvolvendo a capacidade de perceber as situações e de reagir a elas, de assumir atitudes de autodescoberta e de cuidado consigo. Ela aprende a cuidar de si, na interação com o adulto, recebendo dele o incentivo necessário para que possa, gradativamente, ir desenvolvendo sua autonomia, assumindo a gerência, a escolha de ações promotoras do seu bem-estar e o fortalecimento da sua autoestima. Dessa forma, ela desenvolve a capacidade de limpar o seu corpo no banho, arrumar o cabelo de um jeito cuidadoso e que a deixe mais charmosa, vestir-se, calçar os sapatos, cuidar dos seus dentes através da escovação, lavar as mãos antes e depois das refeições, assear-se depois de fazer xixi ou cocô, limpar-se após uma atividade com tinta, assoar o nariz diante da secreção, por exemplo.

Numa outra esfera de aquisições, o desenvolvimento dessas atitudes de autovalorização, de respeito e cuidado para consigo cria oportunidades para a criança construir outras formas de comportamentos solidários de atenção, de cuidado e de respeito com o outro e com a qualidade de vida.

O adulto também pode aproximar a criança desse universo de cuidado consigo e com o outro quando permanece atento aos seus sinais de desconforto ou de adoecimento, estrutura ações que busquem acompanhar o bem-estar do grupo infantil e inclui a participação da família nesse processo. A professora Maria José nos conta como essas ideias ganham concretude na sua atuação:

> Sou uma pessoa atenta ao bem-estar de cada criança que está na sala: procuro saber das famílias se eles estão bem, como se comportam em casa, fico de olho em quem parece que veio para a unidade educacional doente, quando tem criança que fica muito tempo quieta, deitada, dormindo mais, sem querer comer (Prof.ª Maria José de Oliveira / CMEI Bido Krause).

Como se faz notar, a professora mostrou-se observadora, parceira da criança no acolhimento de suas necessidades, estendendo suas atitudes para a partilha de informações com a família das crianças. Assim, as várias situações de cuidado físico que a criança experimenta são espaços geradores de atitudes importantes de autocuidado e de preservação da saúde que elas vão desenvolvendo na unidade educacional.

Outras possibilidades de aprendizagem de cuidados com o bem-estar físico podem ser advindas dos momentos de troca de fraldas quando o adulto higieniza as partes íntimas da criança com zelo para que ela não adquira ou transmita doenças, toma cuidado para que ela fique apoiada numa superfície confortável enquanto está sendo trocada, oportuniza situações prazerosas e aconchegantes para a criança durante as suas refeições, permitindo que ela saboreie sem pressa aquele alimento que lhe está sendo oferecido, ou então substitua aquele que foi rejeitado por um outro, possivelmente mais atrativo para ela, favorecendo escolhas, a constituição de preferências, abrindo possibilidades para a criança guardar na memória aqueles sabores que sensibilizam o seu paladar, gerando aquisições sofisticadas de apreciação dos alimentos.

Um conjunto de trocas afetuosas entre a criança e a professora poderá tornar ainda mais significativos os momentos de alimentação dos bebês. Nessas ocasiões, as maneiras como o adulto oferece o alimento à criança, investindo na descoberta de um jeito mais aconchegante para servi-la, ajuda na consolidação de um clima de tranquilidade necessária, por exemplo, à introdução de novos sabores, advindos das necessidades nutricionais próprias dessa faixa etária, diferentes daqueles experimentados em casa. Os comentários da professora Giovana dão visibilidade ao nosso argumento:

> No início do semestre, as crianças chegaram de suas casas com os hábitos alimentares próprios de sua família. Algumas apenas utilizando o leite vindo da amamentação e outras sem ainda experimentar sucos variados, sopas e comidas pastosas, incluídas pela nutricionista. Para mim, participar daqueles momentos de introduzir a nova alimentação para as crianças se tornava preocupante: como eu ia colocar o bebê no braço sem forçá-lo a comer, com cuidado para ele não vomitar, de um jeito agradável, cuidadoso, sem fazer ele sofrer ou chorar? Experimentei, então, colocar a criança apoiada em almofadas ou sentadinha na mesa, olhando para mim, e fui conversando (interagindo) com cada uma no momento de oferecer a alimentação, olhando para ela, colocando devagarinho o alimento e respeitando quando ela parecia não gostar do sabor. Percebi que até mesmo aqueles mais difíceis de aceitar o alimento começaram a fazê-lo sem grandes "dramas" (Prof.ª Giovana Maltese / CMEI Tia Emília).

Vale lembrar que ao lado dessas ações que buscam atender às necessidades nutricionais e afetivas da criança e que, ao mesmo tempo, são promotoras de avanços na introdução de novos hábitos alimentares, outras aprendizagens poderão ser incluídas, de forma que a autonomia da criança seja construída num ambiente acolhedor e seguro, também, sob o ponto de vista físico. Dentro dessa proposição, o professor pode investir em ações de proteção à criança contra quedas, arranhões, picadas de insetos, introdução de pequenos objetos no nariz, nas orelhas ou na boca, evitando subidas e explorações da criança em espaços geradores de acidentes sem o acompanhamento do adulto, por exemplo.

Num projeto educativo que valorize a criança independente, a professora Jailza nos revela como a criança é capaz de conquistar a progressiva independência na realização de ações, quando ela encontra oportunidades de construir sentidos pessoais, de explorar as situações para conhecê-las e se apropriar das formas culturais de agir, sentir e pensar:

> Elthon é uma criança de 11 meses que está muito sabida, diferente de quando chegou na unidade educacional. Quando o chamo pelo seu nome, ele olha pra mim ou então fica procurando para saber quem o chamou, quando não sou eu que falo com ele. Ele já senta sozinho e engatinha, coisas que não fazia. No almoço, se alimenta com o que nós oferecemos num prato, bebe água ou suco no copinho, pois o mesmo não sabia beber no copo ou receber o alimento com a colher, só na mamadeira. Ele participa de todas as atividades propostas na sala, brinca muito com as crianças e gosta de engatinhar para fora da sala para ir visitar o Grupo I (Prof.ª Jailza Lima / CMEI Mardônio Coelho).

Nesse contexto profícuo, o professor, portanto, assume um papel ativo no planejamento e na condução dessas situações de aprendizagens que delineiam a indissociabilidade entre o cuidar e o educar a criança.

Temos um bebê novato!

> Carla (10 meses) chegou hoje na creche. A professora, entrando no berçário e percebendo um choro diferente na sala, pergunta: "Temos um bebê novato?" Ela aproxima-se de Carla e fala de um jeito carinhoso: "Oi, eu sou Silvana. Vamos brincar?" E oferece um brinquedo para a garota. A criança se aproxima e lhe abraça, em seguida, para de chorar, se sentindo acolhida (Prof.ª Silvana Felipe / CMEI da Mangueira).

O momento de a criança se adaptar ao ambiente da unidade educacional e construir outras relações, diferentes de sua família, pode ser bem conduzido quando os professores buscam conhecer essa nova criança, descobrir seus interesses, necessidades e os recursos de que ela se utiliza para comunicar suas preferências, desagrados e (re)ações de "estranhamento" e, dessa forma, lhe oferecer experiências sociais estimulantes e geradoras de segurança emocional.

No episódio interativo apresentado, a criança mostrou-se responsiva aos investimentos afetuosos da professora que ela parece ter capturado da fala aconchegante do adulto e do modo carinhoso de ser posta no colo quando ela para de chorar e o abraça. O jeito de acalantar a criança através do contato verbal e corporal carinhoso pôde auxiliar a minimizar o "estranhamento" e trazer conforto emocional para quem estava recém-chegada num lugar tão diferente de sua casa. São ações de acolhimento à criança que incluem a sensibilidade e a delicadeza dos adultos, conforme demonstrou a professora Silvana.

Uma outra professora amplia nossos comentários quando acrescenta a importância do trabalho planejado e em conjunto com as famílias durante o percurso de inserção e vivências das crianças na unidade educacional, com vistas à garantia de vínculos afetivos e experiências promotoras de aprendizagens para a criança, desde quando ela ingressa na instituição:

> Na unidade educacional, o período de adaptação é um momento de conhecer tudo e todos. No berçário, procuramos fazer com que as crianças se sintam seguras, confiantes e participantes da rotina de forma tranquila. Para que isso ocorra, observamos, de início, o que cada criança gosta, através do contato com a família, por meio de conversas e entrevistas com mães, tias, avós ou responsáveis pelas crianças. Nesse momento, o trabalho busca promover a interação da criança com os professores, com as outras crianças e com o ambiente físico e sociocultural da instituição (Prof.ª Jacqueline Oliveira / Creche Professor Francisco do Amaral Lopes).

Descobertas partilhadas com as famílias

Desde o período de adaptação, combinamos com os outros profissionais que atuam no berçário as atividades de planejamento mensal e estudos relativos ao desenvolvimento infantil, considerando sempre aquelas situações pelas quais o grupo demonstrou interesse, introduz-

> indo outras atividades, respeitando as características e preferências das crianças. Tais atividades são registradas sistematicamente, expressando a participação e as conquistas infantis.
>
> Dentro da rotina, temos contato diário com as famílias, momentos em que conversamos sobre as crianças. Essa articulação se fortalece por meio de outras atividades, tais como: festividades, reuniões, participação no conselho escolar.
>
> Periodicamente, as famílias recebem um relatório com a trajetória de desenvolvimento de cada criança. Nessa ocasião, fazemos a leitura de relatos e compartilhamos os avanços das crianças, num movimento de crescimento mútuo. A entrega desse relatório é um momento de grande emoção para a maioria das mães, ocasião em que elas vão se apropriando da proposta pedagógica da unidade educacional (Prof.ª Jacqueline Oliveira / Creche Municipal Professor Francisco do Amaral Lopes).

A professora Jacqueline nos aponta direções para atender às especificidades da criança que passa a frequentar a unidade educacional por meio de elos com as famílias à medida que partilha saberes, acolhe diferentes formas de conhecer a criança, com vistas ao atendimento de suas necessidades e à construção de um ambiente favorável ao seu desenvolvimento pleno e integrado.

Nesse sentido, a integração das famílias com a unidade educacional ocorre desde o período de adaptação e inclui o estreitamento dos laços que asseguram a participação ativa dos responsáveis pela criança em visitas à instituição, nas sugestões para ampliar a qualidade do trabalho, no conhecimento da proposta de atendimento educacional e na descoberta partilhada dos avanços da criança no interior das ações ali desenvolvidas.

PARTE III

OUTRAS POSSIBILIDADES DE APRENDIZAGENS NO BERÇÁRIO

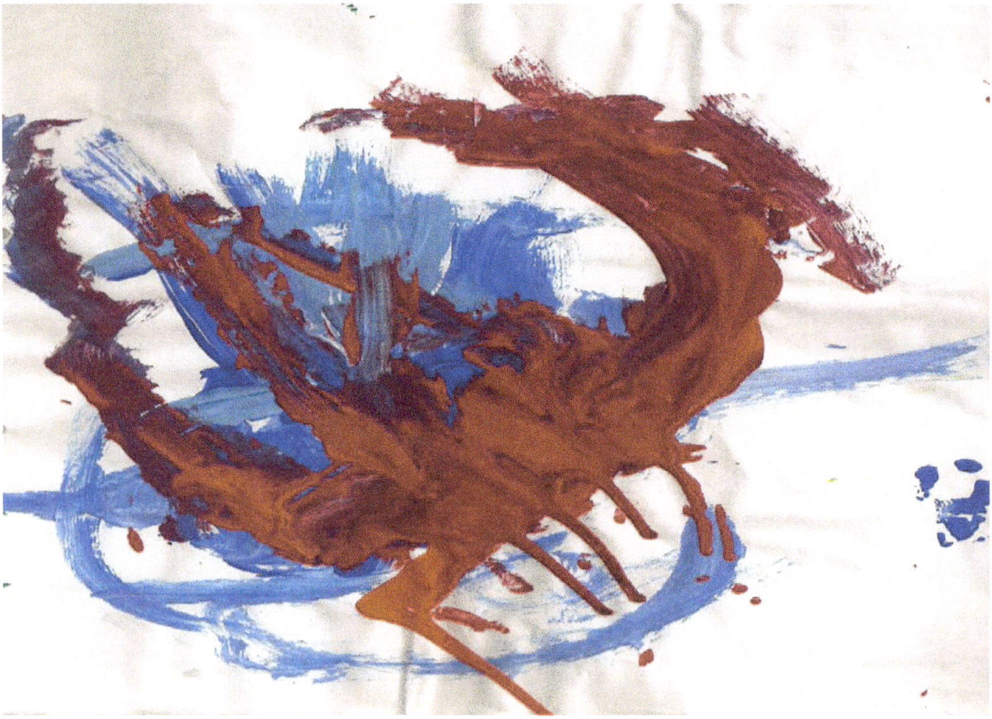

CAPÍTULO 1

AS CRIANÇAS GOSTAM MUITO DE BRINCAR

Tacyana Karla Gomes Ramos

> [...] Outra atividade de que os bebês gostam muito é brincar de casinha. Eu procuro virar o berço até o chão e colocar um colchonete em cima, como se fosse o telhado e, embaixo, como de fosse o piso. Arrumo dentro, a casa, com fogão, panelinhas, coloco as bonecas. As crianças mais velhas entram e ficam brincando de faz-de-conta. Tem outras crianças que preferem ficar engatinhando ao redor do berço. Percebo que este é um momento muito gostoso, pois estão sempre sorrindo, como se estivessem se divertindo com as brincadeiras (Prof.ª Ana Rosa Varela Buarque / CMEI Sementinha do Skylab).

A criança revela uma motivação específica para brincar, que é apontada por estudiosos do assunto como propulsora de uma curiosidade investigativa que tem funções peculiares no desenvolvimento infantil. Dentro dessa configuração, os resultados de pesquisas (cf., por ex., COELHO; PEDROSA, 1995; OLIVEIRA, 1996; CARVALHO; PONTES; PEDROSA, 2002) indicam uma diversidade de funções que a brincadeira propicia às aquisições da criança: avanços do seu pensamento, o desenvolvimento da autonomia, da capacidade de representação e da linguagem, a emergência e partilha de significados, a imitação, a diferenciação de papéis sociais, a transmissão e a (re)criação de elementos culturais e a vivência de situações pessoalmente significativas e coletivamente agradáveis.

Trata-se, portanto, de um espaço social de experiências e um meio gerador do desenvolvimento infantil que exige do professor um olhar investigativo sobre interesses, necessidades e motivações da criança, revelados em suas brincadeiras, um desafio instigante no sentido da organização do ambiente pedagógico favorável para a brincadeira acontecer. São posturas que reconhecem o protagonismo de ações da criança e convidam o professor para ser parceiro das iniciativas infantis, valorizando e acolhendo suas tramas e inquietações, conforme demonstrou a professora Ana Rosa.

Brincando e aprendendo com o parceiro

Garantir um espaço brincante no berçário abre portas de acesso ao enriquecimento de competências imaginativas, criativas e organizacionais infantis já mencionadas. Nesse contexto, é importante que o professor conheça aspectos do desenvolvimento da criança para que possa compartilhar brincadeiras com elas, lhes oferecer materiais interessantes e/ou geradores de coconstruções e realizar, quando necessário, encaminhamentos oportunos que atendam aos seus interesses, em situações desafiadoras.

A atuação da professora Jacqueline nos mostra como ela pôde apoiar a construção de uma brincadeira conjunta, interpretando e acolhendo as iniciativas infantis na brincadeira de empilhar e derrubar caixas. Vejamos também algumas ações e estratégias que a criança utilizou para interagir e aprender o enredo da brincadeira com os parceiros. Nos entremeios do jogo compartilhado, as estratégias imitativas funcionaram como recursos comunicativos que viabilizaram a transmissão dos significados mutuamente orientados na brincadeira coletiva, conforme veremos.

O episódio interativo tem início quando a professora observa Lilica (17 meses) empilhar caixas e apoia suas iniciativas, verbalizando: "Vai, continua empilhando!", e bate na caixa.

Drile (19 meses) se aproxima e, pela imitação, demonstra adesão e entendimento à brincadeira quando reapresenta em seus gestos os movimentos que observou Lilica realizar: abaixa-se, apanha uma caixa e começa a construir a pilha, sendo encorajada pela professora que demonstra satisfação em seu contato verbal com a garota: "Muito bem,

Drile! Muito bem! (pausa) Olha, Drile está arrumando tudo! (pausa) Vai... bota aqui... eita!"

Lilica — *Professora* — *Drile*

Na sequência do episódio, Joca (15 meses) se insere nas ações do grupo, derrubando as caixas que estavam sendo empilhadas por Drile e pela professora que grita "derrubou", aparentemente surpresa com o monte de caixas que pela primeira vez foi ao chão. Quando Joca outra vez empurra a nova pilha erguida e olha para a professora que lhe fala (e não grita) "derrubou", há uma indicação de que ela repete intencionalmente a palavra como se atribuísse um sentido diferente da primeira pronúncia, que sinalizou uma provável surpresa ou desagrado pela pilha de caixas ter sido desfeita. O grito passa a reaparecer em outros momentos da brincadeira do grupo como um acordo do aspecto recortado pela professora, ou seja, dizer "derrubou" quando as caixas caem.

Joca

Ao perceber o monte desfeito, Lilica reapresenta em seus movimentos a apreensão das características do jogo: grita "ôôôôôu!" (derrubou?)

e saltita com os braços para cima dando sinais de satisfação. Tais sinais expressivos de entendimento e engajamento no jogo são compartilhados pela professora, que imita Lilica, e por Joca, que emite gritinhos e olhares dirigidos às parceiras quando elas gritam após o monte ter sido desfeito.

Aína (18 meses) se aproxima e comunica seu engajamento na brincadeira quando reorganiza a pilha desmontada por Lilica e em seguida derruba o monte de caixas, dando indicadores de que conhece a sequência da atividade, informação confirmada pela professora, que complementa o desenrolar da brincadeira, dizendo "derrubou!" assim que o monte é desfeito. Joca demonstra sua satisfação e compartilhamento com a sequência do jogo quando imita a professora, emitindo gritinhos e sorrisos. Aína, mais uma vez, demonstra seu entendimento e contentamento com o jogo quando derruba a pilha que a professora acabou de erguer e bate palmas.

Eno (20 meses) se engaja na atividade, empurrando Aína e Joca como estratégia de se aproximar do monte de caixas que está sendo erguido. Ele expressa seu entendimento no jogo ao complementar a ação de Drile, colocando uma caixa na pilha que está sendo formada, olhando para a parceira que, em seguida, coloca outra caixa sobre aquela que o garoto acrescentou ao monte, comunicando entrosamento com as características da brincadeira e interlocução com as ações do parceiro em prol da continuidade do jogo partilhado.

A brincadeira de empilhar, derrubar caixas e gritar "derrubou", pela professora, ganha mais um elemento quando esta canta "parabéns pra você". Percebem-se sinais de satisfação de Drile (ela bate palmas e saltita, sorrindo) ao ver o monte de caixas ser desfeito. Dessa forma, ela introduz na sequência do jogo o cantar "parabéns" para as caixas empilhadas antes de derrubá-las. A proposta não persiste, ou seja, se perdeu socialmente, talvez porque as crianças não deram continuidade às batidas de palmas e à canção da professora por estarem mais interessadas em derrubar logo o monte erguido, ou mesmo porque a canção está acima das possibilidades da criança.

Dessa forma, a brincadeira recomeça, sustentada pela antiga configuração, embora com o acréscimo de objetos diferentes ao monte. Essa possibilidade foi instigada pela atuação de crianças que, apesar de não possuírem coordenação de movimentos que lhes permitam segurar uma caixa e conduzi-la ao monte, utilizaram estratégias para conseguir o seu intento. Isso pode ser demonstrado nas ações de Iane (16 meses): ela ainda não fica em pé, mas se inclina e se engaja na formação da pilha quando olha para a professora e apanha uma cabeça de boneca que vê no chão, jogando-a no colo da professora, assim que a pilha se desfaz. A professora acolhe as iniciativas da garota por meio de pistas que captura dos movimentos dela, levando o objeto ao monte que estava sendo erguido. A brincadeira continua, mas o grupo sai do foco de filmagem.

Iane

CAPÍTULO 2

BRINCANDO E CONSTRUINDO NOÇÕES DO CONHECIMENTO MATEMÁTICO

Tacyana Karla Gomes Ramos

O conhecimento matemático é o resultado de um conjunto de investigações, de resoluções de desafios e de relações das quais a criança participa através de uma inesgotável atribuição de significados que ela empreende, desde bem cedo. A professora Maria Virgínia comenta como essas ideias ganham interlocução com as práticas pedagógicas desenvolvidas na sua sala:

> O conhecimento matemático, nessa faixa de idade, pode ser vivenciado de diversos modos: em atividades sobre as mesas, embaixo do berço, dentro de um caixote, fora da sala, empilhando ou desmontando latas e caixas, encaixando cones, tentando subir na corda que está esticada no chão, passando rastejante por um obstáculo, percorrendo um túnel montado, engatinhando no tapete, guardando guizos de tampinhas, tampando potes grandes e pequenos, rolando latas ou rolos de papelão. Qualquer uma dessas atividades requer investigação, um raciocínio, uma ponderação, um exame pela criança, um cálculo, o desenvolvimento de uma estratégia (Prof.ª Maria Virgínia Batista / CMEI É Lutando que se Conquista).

Nessa trilha de proposições, resolver situações desafiadoras, testar hipóteses, examinar possibilidades e lançar mão de estratégias que comuniquem as soluções para seus empreendimentos permitem que a criança avance na compreensão de si, das coisas e do mundo. As situações investigativas, portanto, representam momentos geradores de aprendizagem, já que aprender pressupõe a construção de significados e atribuições de sentidos para os fenômenos do mundo físico e social.

Na unidade educacional, a criança encontra várias experiências que lhe permitem fazer descobertas, tecer relações e desenvolver seu pensamento, quando manipula um objeto que a professora disponibiliza, por exemplo, entrando em contato com um campo de oportunidades de significações: descobrir se é pesado para as suas possibilidades de carregá-lo, perceber a sua textura, a sonoridade que lhe causa estranhamento ou alegria, apreciar as suas cores e as formas, dirigir-lhe uma finalidade ou um sentido de acordo com os seus interesses.

A criança também constrói e amplia significados quando participa de atividades desafiadoras com adultos ou com parceiros de idade. A esse respeito, numa experiência interativa descrita pela professora Clarice, a criança nos mostra que explorar materiais e atribuir diferentes usos para eles, através de novas combinações, parece ser motivo de descobertas e investigações originais, empreendidas com os seus companheiros:

> Sentei-me para brincar de rolar garrafas no chão e várias crianças também se sentaram. Enquanto eu arremessava as garrafas, algumas crianças tentavam fazer o mesmo, mas depois observei que só João Pedro (10 meses) repetia o que eu fazia. As outras crianças inventaram outros jeitos de brincar com as garrafas, diferentes daquele que eu propus ao grupo (Prof.ª Clarisse Novaes Carvalho / CMEI Roda de Fogo).

A professora Ana Cláudia fortalece nosso argumento ao reconhecer as potencialidades de uma situação de brincadeira coordenada entre o adulto e a criança, reapresentando em sua fala essa via de acesso ao conhecimento matemático, a partir da qual a criança consolida aquisições e elabora hipóteses enquanto brinca:

> A exemplo do trabalho desenvolvido em matemática, posso citar os jogos em que se desenvolve a coordenação motora e o raciocínio lógico das crianças em brincadeiras, quando, por exemplo, eu jogo a bola para a criança, ela não sabe agarrá-la direito e a bola cai no chão, daí a criança corre para pegá-la,

arranja um jeito para segurá-la e, em seguida, devolve a bola para mim e eu jogo para ela novamente, seguindo a sequência de um jogo que ela precisa entender para poder participar e coordenar seus movimentos (Prof.ª Ana Cláudia do Vale / CMEI Padre Lourenço).

O jogo de bola entre a professora e a criança aparece como uma estratégia didática planejada e orientada pelo adulto, revelada na intenção da professora de proporcionar à criança o conhecimento do enredo do jogo e as estratégias necessárias ao seu engajamento na brincadeira conjunta, conhecimentos que ela atribui como oriundos de um raciocínio lógico e uma coordenação motora refinada que a criança vai desenvolvendo enquanto a brincadeira acontece. A fala da professora descortina variadas experiências promotoras do desenvolvimento de noções matemáticas, quando há o planejamento de atividades e disponibilidade de materiais que incentivem as descobertas da criança, através de diferentes meios, a exemplo do que sugerem as outras professoras quando comentam:

> [...] oferecer para a criança obstáculos para ela transpor permite que ela utilize a lógica e a imaginação (Prof.ª Thaís Cybelle Ferreira / Creche Comunitária Hotelzinho Futuro Brilhante).
>
> Trabalhar com argolas coloridas para a criança aprender a colocá-las e retirá-las de garrafas *pet*, por exemplo, são ótimas oportunidades de aprendizado (Prof.ª Ana Maria de Souza / CMEI Casinha Azul).
>
> As caixas, sem dúvida, são subsídios maravilhosos para empilhar e derrubar. O circuito de obstáculos também: gosto de arrumar as cadeiras feito um trenzinho e vou segurando a criança pela mão, ajudando-a na transposição desses obstáculos, garantindo também a construção da autoconfiança. Faço isso com cuidado para que ela não se machuque ou caia (Prof.ª Tatiana Barros / CMEI Novo Pina).
>
> Utilizar caixas com diversos tamanhos, larguras, para que a criança encontre maneiras diferentes de empilhá-las e derrubá-las, por exemplo. A criança se sente instigada quando se depara com ações diferentes. Nessa faixa etária (bebês) é o momento de descobertas, de muita curiosidade e também de muita

> invenção (Prof.ª Elaine Galdino / Creche Comunitária Centro Social Guararapes).
>
> Brincar com potes de tampas e tamanhos variados e a partir daí incentivar que as crianças coloquem objetos dentro dos potes, arranjem um jeito para tirá-los, achar a tampa que fecha o pote, destampá-lo (Prof.ª Flávia Karina Vitor Cabral / CMEI de Afogados).
>
> Trabalhar matemática com as crianças deve ser de uma forma bem dinâmica, em que elas possam aprender brincando (Prof.ª Maria de Lourdes Caetano da Silva / Creche Comunitária Nossa Senhora da Boa Viagem).

Quando comenta sobre a sua atuação, a professora Jacqueline nos conta como ela organiza atividades geradoras de avanços nas representações espaciais da criança, outro eixo de aquisições, no sentido da percepção de organização espacial por meio de diferentes perspectivas, do conhecimento de semelhanças e diferenças entre a sala do berçário e o entorno da unidade educacional, aproximando a criança de noções de direção e posição, de representação de diferentes espaços, referências e trajetos:

> Passeamos pela creche (engatinhando, andando "solto" ou com apoio) e vou seguindo as crianças, respeitando o itinerário da maioria, mas também direcionando a visita às salas dos outros grupos e aproveitando para explorar o ambiente durante o percurso (Prof.ª Jacqueline Oliveira / Creche Professor Francisco do Amaral Lopes).

A descoberta de noções matemáticas através de passeios pela unidade educacional parece ser bastante apreciada pela criança, segundo comentam outras professoras:

> As crianças gostam muito de passear pela unidade educacional, de subir e descer na rampa, o tempo todo é uma diversão. Ao voltar para a sala vamos brincar mais um pouco e depois é hora do banho (Prof.ª Jailza Lima / CMEI Mardônio Coelho).
>
> [...] elas [crianças] saem da sala para passear pela unidade educacional e ver as outras crianças de outras salas, diferentes do berçário, e vamos até a piscina com o grupo: elas ficam admiradas! Olham pra tudo como se estivessem examinando o local. Elas gostam

do parque onde tem uma casinha onde muitos gostam de ficar lá dentro e botar a cabeça para olhar pela janela (Prof.ª Jaqueline do Monte Silva / Creche Comunitária Nossa Senhora dos Remédios).

No interior da sala, o professor pode preparar o ambiente de forma estimulante às explorações da criança por meio de objetos a serem alcançados, móbiles com movimentos, cores e imagens que agucem o desejo de tocá-los, objetos com diferentes texturas que oportunizem várias descobertas sensoriais, variações na topologia espacial: planos inclinados, colchonetes empilhados numa altura que permitam tentativas de subidas, almofadas de diferentes tamanhos, divisórias e mobiliário que permitam o deslocamento de quem ainda não anda "solto", viabilizando a experimentação e o exercício de competências motoras e de orientação espacial com vistas a ampliá-las na interação com o mundo e parceiros. A esse respeito, a professora Edite nos conta uma atividade que cativa o interesse da criança:

> As crianças adoram fazer "arte" com mingau de tinta feito com maisena, que dá possibilidade delas esfregá-lo no corpo, perceber texturas, engatinhar e andar sobre a tinta espalhada no chão, sempre com o auxílio da professora para evitar acidentes (Prof.ª Edite Xavier / CMEI Professor Paulo Rosas).

No processo educativo dos bebês, a professora tem o importante papel de promover os mais diversos tipos de atividades desafiadoras e, ao mesmo tempo, investigar e registrar os vários aspectos da trajetória das crianças, para contribuir na resolução de diversas situações-problema que se apresentam no cotidiano, promovendo avanços e aprendizagens cada vez mais complexas.

Lembremos que a construção de competências matemáticas acontece entrelaçada com a evolução de outras capacidades que permitam à criança progressiva autonomia e desenvoltura nos usos de seus recursos cognitivos, sociais, motores, artísticos e linguísticos.

O cenário de aquisições de bebês, portanto, se amplia com a participação da criança em outras experiências pessoalmente significativas, tais como a linguagem verbal, a leitura e a contação de histórias, a expressividade advinda do movimento, os jogos de faz-de-conta, o contato com os saberes do universo sociocultural, que serão comentados a seguir.

CAPÍTULO 3
AMPLIANDO RECURSOS EXPRESSIVOS
Tacyana Karla Gomes Ramos

Desenvolvendo a linguagem verbal

No âmbito do desenvolvimento da linguagem verbal, as ações interativas das quais a criança participa viabilizam oportunidades de estabelecimento de formas de relação com o outro, de experimentações e de usos de seus recursos para se comunicar com o parceiro, do exercício de escolhas e de (re)criação, de ampliação da percepção sobre si e sobre o outro e a evolução de seu pensamento. São argumentos que situam a interação social como um *locus* promissor do desenvolvimento da linguagem infantil, qual seja, um contexto e um recurso de apreensão e compartilhamento de significados que as crianças dinamicamente exploram com as professoras e com os parceiros de idade.

A professora Yasmin nos mostra como a interação social permite que a criança conheça e se aproprie do universo discursivo e dos diferentes contextos nos quais a linguagem oral é produzida:

> Bianca é a mais velha do berçário, com 14 meses, ela participa das atividades de cuidado e de conforto com outras crianças junto comigo, assim: eu falo "Bianca, Alison [8 meses] está chorando, pega a chupeta e dá a ele!" Ela vai e entrega a chupeta para o garoto. Bianca presta atenção quando dizemos aos bebês que não é para morder um ao outro ou brigar nem puxar o cabelo do colega. Quando uma criança ameaça a outra com uma mordida, eu falo "não, não pode morder", mexendo o meu dedo indicador. Bianca, que é muito observadora, agora, quando

vê um bebê sendo "machucado" por outro, vai lá, chega junto dele, mexe o seu dedinho e diz para o colega "Nã, não" (Prof.ª Yasmin Katarinne de Santana / CMEI Jordão Baixo).

Um contexto rico em interações favorece uma atmosfera comunicativa promissora de avanços da linguagem da criança, e o bebê torna-se interlocutor ativo quando encontra espaço para expressar seus interesses, necessidades e intenções por meio de gestos, de atitudes e de balbucios que ganham a interpretação de parceiros. A criança pode demonstrar as percepções de fenômenos ou situações cotidianas na unidade educacional e apresentá-las em seus atos, intenções e pedidos, ainda que não o faça através de palavras articuladas, conforme nos conta uma outra professora:

> Quando eu chego no berçário, João Vitor [12 meses] pede logo o som. Sabe como é que ele faz? Fica olhando para a minha bolsa (onde eu guardo a chave do armário que guarda o aparelho), depois aponta para ela e olha para o armário, como se estivesse pedindo a chave para abri-lo e pegar o aparelho de som para, depois, ficar dançando e chamando as outras crianças para cantar e dançar com ele. Muitas vezes eu chego, fico calada pra observar o que ele vai fazer, vejo se nesse dia ele vai "pedir" a chave para abrir o armário. Então, ele olha para mim e para o armário, aponta para um e para outro, quando eu pego a bolsa e finjo que vou abri-la, ele corre, enfia a mão na minha bolsa, pega a chave e vai até o armário tentar abri-lo. Como ele não acerta colocar a chave na fechadura, eu vou até lá resolver a situação: retiro a chave da mão do menino, abro o armário, pego o som e aí começa a "festa" da sala, depois que a música começa a tocar. Escuto muita criança balbuciar, dizer um pedacinho ou uma sílaba da música e dançar uns com os outros, se remexendo, balançando o corpo e dançando também com as professoras (Prof.ª Jailza Lima / CMEI Mardônio Coelho).

A professora mostra-se responsiva, pronta para atender às solicitações do garoto, observadora de seus gestos e movimentos que ela interpreta como sendo um pedido, possivelmente para iniciar a atividade com música na sala, com a retirada do aparelho de som do armário. E nessa troca de informações com a professora, no fluxo de interações, a criança pôde comunicar intenções, influenciar o outro, estabelecer relações sociais, ir capturando pistas de como se organiza a linguagem verbal, inserida num contexto afetivamente envolvente e fértil de construção de significados. A professora, nesse contexto, mostra-se atenta aos primórdios das manifestações comunicativas da criança e disposta a ajudá-la a consolidar aquisições futuras, quando ressignifica os atos do garoto, procurando compreendê-los, incentivá-los, organizando seus "pedidos" não verbais, que ele executa através de recursos expressivos motores.

No desenvolvimento da expressividade verbal, a imersão da criança num ambiente falante pode ser coordenada pela professora, como algo intencionalmente planejado, quando ela "puxa" uma conversa com os bebês, investindo em ações que provoquem o engajamento da criança, assim:

> Procuro dar significado a tudo que acontece na sala e promover atividades que estimulem a oralidade, perguntando muitas coisas para os bebês: o que é isso que você está fazendo, heim? Como é o nome desse bichinho? Como é que ele faz? Quem é esse colega que você chamou pra brincar? Vocês vão brincar de quê? (Prof.ª Suzana Vilela da Costa / Creche Municipal São João).

A professora Kelly amplia nossas reflexões quando comenta que é preciso aproximar a criança da complexidade que é própria da língua materna. Dessa forma, em ocasiões comunicativas com bebês, o adulto pode "conversar com a criança sempre utilizando um vocabulário correto e com entonação convencional, sem infantilizar as palavras com diminutivos" (Prof.ª Kelly Cristina da Silva / Creche Municipal Saber Viver).

Mais uma vez, a criança nos mostra como ela aproveita as oportunidades que lhe são oferecidas para se desenvolver, nas interações que estabelece. Ela imita expressões que ouve, experimentando possibilidades de manter diálogos, negociando significados, desempenhando um papel comunicativo, expressivo e social que a fala desempenha, mesmo sem tê-la presente:

> Ontem levei alguns livros infantis e comecei a contar uma história, apontando para as gravuras e mostrando-as para as

crianças. Percebi que em um dado momento Felipe [10 meses] começou a interagir comigo, pronunciando sons como se estivesse conversando a respeito das gravuras (Prof.ª Maria José de Oliveira / CMEI Bido Krause).

No período em que a fala articulada ainda não se consolidou, a imitação se constitui num recurso comunicativo não verbal bastante eficaz nas trocas interpessoais. Nosso argumento ganha visibilidade numa outra experiência interativa descrita pela professora Maria de Fátima:

> Gisele [11 meses] estava no seu primeiro dia na creche, pegou um pires que achou no chão e o colocou na orelha, falando "aô, aô". O coleguinha Pedro [13 meses] olhou para ela e fez o mesmo com uma xícara, falando "aô, ao". Gisele olhou para ele e passou a imitá-lo, falando "aô, ao" com a entonação da voz parecida com a de Pedro e, assim, os dois ficaram compartilhando dessa brincadeira imitativa por alguns momentos. Eles se olhavam e riam (Prof.ª Maria de Fátima Cerquinho / CMEI Creusa Arcoverde de Freitas Cavalcanti).

A construção desse jogo partilhado entre as crianças foi sendo assegurada pela imitação de atitudes do parceiro: ao repetir os gestos e sons de Gisele, Pedro demonstra que compartilha significados da brincadeira com ela. Quando repete os gestos e sons de Pedro, Gisele parece querer emparelhar-se com ele, inclusive, buscando similaridade com o tom de voz do garoto. Em outras duas situações apresentadas pelas professoras, as crianças demonstram como partilham brincadeiras conjuntas por meio de estratégias imitativas que vão propagando o enredo do jogo entre os participantes e dando visibilidade ao nosso argumento:

> Após terminar de cantar uma canção, a professora balança freneticamente o chocalho para cima e grita "he! he! uh! uh!". Leandro [11 meses] interrompe a atividade que estava fazendo, olha para professora, depois começa a imitá-la, gritando também "uh! uh!" e levantando o chocalho do jeito que a professora fez (Prof.ª Cibele Albuquerque / CMEI Brasília Teimosa).

> Colocamos um tapete de emborrachados coloridos e garrafas coloridas em pé, em pontos estratégicos na sala do berçário. Yasmin [12 meses] passa por todas as garrafas e as derruba, a

> professora levanta as garrafas novamente. Dessa vez, Iago [11 meses], que estava olhando para ela, se aproxima e repete o que Yasmin fez, e depois, os outros colegas que estavam observando a brincadeira começaram a imitar Yasmin e a brincar do mesmo jeito que ela começou fazendo (Prof.ª Silvana Felipe / CMEI da Mangueira).

Nas experiências descritas, podemos supor que a repetição dos atos do parceiro não é automática, nem mecânica. Ao contrário, para a criança reapresentar em suas ações o comportamento do outro, ela precisa examiná-lo, selecionar o que repetir e definir como fazê-lo, o que lhe exige observação atenta e ajuste corporal e vocal. A imitação funcionou, portanto, como forma de engajamento social, veículo que sustentou a emergência e a transmissão do enredo da brincadeira e o contexto em que foi sendo constituída a experiência compartilhada.

Um outro espaço de compartilhamento, favorável ao desenvolvimento da expressão verbal, é a imersão dos bebês em rodas de contação e leitura de histórias. Estamos falando de uma organização coletiva que favoreça momentos especiais de interação, quando, por exemplo, a professora planeja a participação da criança no enredo da história ou aproveita a ocasião para observar uma criança específica, examinando suas hipóteses, suas estratégias de expressão de pensamento, seu jeito de apreender informações:

> Na hora em que eu estava contando uma história, Andreza [15 meses] apontou para uma gravura de um dos meninos do livro, olhou para outra criança e começou a produzir vários sons. Será que ela se lembrou de alguém da sala ou de uma outra situação vivida na roda de leitura e contação de histórias? Fiquei desconfiada disso porque, às vezes, quando tem gravuras de menino ou menina na história que conto, eu já substituí o nome do personagem pelo nome das crianças da sala, inserindo o grupo dentro da história, tornando-os participantes (Prof.ª Maria José de Oliveira / CMEI Bido Krause).

Conforme podemos observar nessa cena interativa, a professora investe em ações e contextos comunicativos mediados pela literatura, inclusive, expondo a criança à multiplicidade de formas de comunicação presentes na cultura às quais estes portadores textuais dão suporte, abrindo espaço para a criança se expressar, favorecendo, também, o desenvolvimento de atitudes leitoras e possíveis aprendizados através das narrativas.

Aprendendo a gostar de narrativas e desenvolvendo atitudes leitoras

A participação em situações comunicativas e expressivas fornece à criança o desenvolvimento de suas capacidades linguísticas. A leitura de textos escritos, a contação de histórias e a condução de relatos pelo professor se tornam interessantes vias de acesso ao repertório que é próprio da oralidade, ao contato com diferentes gêneros e portadores textuais, à riqueza advinda dos elementos da narrativa, ao gosto pela literatura e ao desenvolvimento de comportamentos leitores.

A criança pode se envolver no aprendizado prazeroso da leitura, mediado pela professora que organiza situações de contação de histórias e leituras de um jeito envolvente, capaz de mobilizar o interesse da criança, criando um clima agradável e convidativo à escuta. A esse respeito, a professora Maria Virgínia nos mostra como acontece na unidade educacional em que atua:

> O momento de leitura e contação de história faz parte da nossa rotina. Diariamente nos reunimos na roda para o *Bom-dia* com músicas, registro da frequência, contação de história ou leitura de um outro texto (poesias populares, por exemplo). Esse momento é logo percebido pelas crianças que observam o que trago nas mãos, através da arrumação das almofadas no chão e pelas minhas indagações: "Quem veio hoje? Quem vai querer cantar? Quem quer ouvir uma história?" A maioria se aproxima, ficando em pé ou sentada, alguns querem sentar no meu colo, outros apontam para o que eu tenho nas mãos, emitem gritinhos, gesticulam, querem pegar no material, batem palmas, empurram o colega da frente como se estivessem tentando garantir um lugar mais próximo de mim. Tudo isso eu compreendo como uma resposta satisfatória ao que está sendo proposto naquele momento. Antes de iniciar a leitura, canto:

> "E agora, minha gente, uma história vou contar, uma história bem bonita para todos escutar. Ê, ô, trá-lá-lá, ê, ô, trá-lá-lá, trá-lá-lá, lá-lá-lá..." Depois de iniciada a leitura, eles apontam para o livro, sorriem, olham atentos quando mudo a voz numa cena, mostram o livro para o colega do lado, balbuciam como se estivessem fazendo comentários ou apreciando a história. Algumas crianças permanecem sentadas mais tempo, outras saem da roda e algumas se levantam, mas, de vez em quando, dão uma olhada para mim, recuperando a atenção ao que está sendo lido" (Prof.ª Maria Virgínia Batista / CMEI É Lutando que se Conquista).

Interessante notar que as crianças vão se entrosando no fluxo de acontecimentos da roda de conversa e literatura, desde o início da atividade, quando a professora canta uma música que "anuncia" e convida o grupo para a ocasião e prepara um clima de curtição e aconchego, espalhando almofadas no chão. Durante a leitura, a professora demonstra uma atitude cuidadosa quando lê para a criança: se preocupando com o jeito de narrar, de variar a entonação, mostrando-se interessada em perceber e atribuir significados às formas de participação da criança no enredo (apontando para o livro, balbuciando, batendo palmas, emitindo gritinhos, se aproximando para perto do livro, olhando para quem lê), sinais comunicativos que ela interpreta como sendo a emissão de comentários e apreciação literária das crianças.

A seleção prévia da história a ser contada ou lida pela professora permite que ela ganhe intimidade com o texto e, assim, utilize estratégias geradoras de um sentimento de curiosidade na criança pelo o que está sendo narrado. Nessa trilha de proposições, são diversas as possibilidades de instigar a curiosidade da criança e envolvê-la com a narrativa: na mudança de entonação da voz diante de uma passagem interessante no texto ou troca de personagens, quando o adulto arregala os olhos ou altera a fisionomia do rosto, mostrando-se assustado ou alegre, interrompe por alguns instantes a fala para gerar um clima de suspense, curva ou estica o corpo para anunciar um acontecimento, provocando uma atmosfera de contágio e engajamento emocional no grupo de ouvintes, conforme demonstra a atuação da professora Márcia:

Prof.ª Márcia Xavier/ CMEI da Torre

A professora Maria Virgínia amplia nossos comentários e nos revela os seus investimentos no jeito de contar e ler para as crianças, destacando a importância de uma variedade textual e apontando para a implementação dessas práticas como atividades permanentes do grupo infantil, com frequência diária garantida nas suas ações planejadas:

> Assim como os demais tipos de textos, as poesias populares divertem, encantam e produzem efeito mágico em quem escuta, quando são lidas com entonação certa, adequada a cada momento e particularidades do texto.
>
> As parlendas e os trava-línguas também fazem parte das nossas rodas de literatura, vivenciadas na nossa rotina e não apenas nas culminâncias folclóricas (Prof.ª Maria Virgínia Batista / CMEI É Lutando que se Conquista).

Ainda com relação à sua prática, a professora Maria Virgínia nos mostra como a criança pode ser apoiada a acompanhar corporalmente a leitura de poesias, parlendas ou brincadeiras cantadas. Ao lado dessas ideias, ela explica que oferecer à criança variados gêneros textuais, a exemplo de poesias e trava-línguas, a engaja na narrativa, promove ampliação da sua sensibilidade e a construção da linguagem verbal:

> [...] a sonoridade musical das poesias envolve a criança de uma forma encantadora, pois ela parece muito atenta ao que escuta e

aos movimentos que executa com a cabeça, mãos, pé, durante a leitura e que são acompanhados pela cadência ritmada das palavras.

[...] Percebi que os trava-línguas deixam as crianças bem observadoras, atentas aos movimentos sonoros e gestuais da boca de quem fala. Elas mexem suas bocas, me imitam, olhando pra mim, como se quisessem reproduzir aquele turbilhão de rimas que escutam.

Fazendo uma relação entre poesias, trava-línguas e movimento, é possível dizer que esses elementos ajudam a criança a se expressar, através de uma linguagem própria dessa faixa de idade, que é antecessora da linguagem verbal e necessária para a aquisição da mesma (Prof.ª Maria Virgínia Batista / CMEI É Lutando que se Conquista).

As experiências com textos alcançam novos patamares de significação quando a professora disponibiliza livros para que a criança experimente diferentes formas de apreciação e de intimidade com os exemplares: escolhendo o livro que carregar no colo, disputando aquele mais colorido ou interessante com alguém, virando as páginas, olhando as figuras, mostrando-se surpresa, emocionada ou curiosa com o que observa.

Portanto, o contato com livros pode estar reservado não só em momentos planejados durante a rotina, mas também em locais aconchegantes na sala, organizados para que as crianças possam manipulá-los, "lê-los" com os parceiros ou, então, individualmente. São oportunidades que a criança não pode perder e que conduzem ao desenvolvimento de hábitos e à exploração de muitas possibilidades de leitura, mesmo que ela não saiba ler convencionalmente.

Cantinho de leitura / CMEI Sementinha do Skylab

Parte III Outras possibilidades de aprendizagens no berçário   101

Examinando, interagindo, se divertindo e aprendendo através do movimento

O movimento é um recurso que a criança utiliza para expressar suas necessidades, interesses, motivações, emoções e intenções. Ele é mais do que um meio para atuar no ambiente físico; ele constitui um campo de experimentações para a criança descobrir o seu corpo e a si, um veículo que lhe permite atuar no ambiente social, mobilizando as pessoas pelo viés comunicativo-expressivo de seus gestos.

Nessa trilha de proposições, as funções do movimento, portanto, se estendem para além do deslocamento do corpo e incluem uma dimensão expressiva que comunica as disposições íntimas da criança, reveladas em suas posturas, conforme explica a professora Sabrina:

> A comunicação dos desejos, insatisfações e interesses dos bebês acontece através dos gestos, dos gritinhos, do jeito da criança fazer as coisas. Nas brincadeiras de roda, por exemplo, quando eles pegam na mão uns dos outros e tentam ficar em pé sem cair, me imitando e, quando eles se abaixam no final da música, igual a mim, ou se jogam no chão na hora do "miau", eles demonstram que estão participando da brincadeira junto comigo (Prof.ª Sabrina de Souza / CMEI Esperança).

Dessa forma, são várias as funções que o movimento possui no desenvolvimento da criança, e ele se constitui num sistema comunicativo não verbal que viabiliza a apreensão e o compartilhamento de significados, conforme demonstra o comportamento interativo da professora e das crianças integrantes do episódio a seguir descrito, videogravado no CMEI É Lutando que se Conquista, durante uma atividade proposta pela professora. O episódio revela a brincadeira de segurar nas mãos da criança e balançar o seu corpo para frente e para trás, enquanto o adulto canta.

A professora convida o grupo para a brincadeira: "Quem vai querer brincar de serra-serra?" Mara (15 meses) estende seus braços na direção da professora em resposta à pergunta deste adulto, ocasião em que a professora olha para ela e interpreta os seus gestos como sendo adesão ao convite que foi feito, puxando e levantando a garota para brincar. Ela comunica que gostou de brincar através de seus gestos e movimentos nas duas vezes em que a brincadeira foi interrompida: não solta as mãos da professora e joga-se pra trás com suas pernas estiradas, olhando para ela quando para de balançá-la. Isso sinalizou para a professora um desejo da garota de permanecer brincando, que ela consolida em suas ações: fala "de novo!" e reinicia a brincadeira com Mara. Esta repete a mesma estratégia de outrora, quando os balanços do corpo são interrompidos pelo término da brincadeira: não solta as mãos da professora, estica-se para trás com suas pernas estiradas e, assim, comunica seu interesse em permanecer brincando. A professora recomeça a brincadeira, evidenciando atribuição de significados aos sinais expressivos que a garota comunicou.

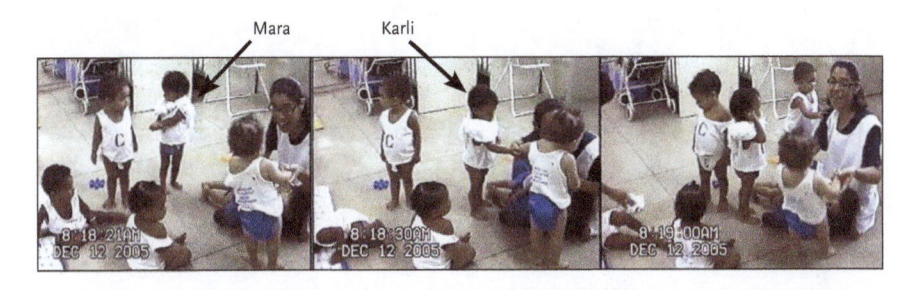

Karli (16 meses) parece demonstrar interesse em participar da brincadeira por meios diferentes daqueles usados por Mara: aproxima-se, olha para a professora, aponta para a brincadeira que está acontecendo, pega na mão de Mara, que está se balançando de mãos dadas com a professora, acompanha com a cabeça o movimento de Mara se balançar para frente e para trás, depois alterna o olhar para a professora e para Mara enquanto balança devagarzinho seu corpo para frente e para trás como se imitasse os movimentos cadenciados da brincadeira, choraminga quando a professora recomeça a balançar Mara.

A professora não permanece alheia a essa configuração de ações, possivelmente por interpretá-las como sendo pedidos para participar da brincadeira. E, diante disso, interrompe a brincadeira com Mara, fala para ela: "Agora é Karli!", e começa a balançá-la para frente e para trás, evidenciando a partilha de intenções com a criança.

Luiz (16 meses) também parece interessado em participar da brincadeira, tanto é que se aproxima e tenta segurar nas mãos da professora que está balançando Karli. A proximidade de Luiz e o gesto de segurar nas mãos da professora provocam um contato verbal ("já, já, viu, Luiz!") sinalizador do vínculo e da informação portadora das intenções de ingresso na brincadeira que a professora efetiva em suas ações: conclui a brincadeira com Karli, fala: "Agora é Luiz!", comunicando ao garoto as intenções apreendidas dos seus movimentos.

Igor (14 meses) não se locomove com a mesma desenvoltura que os seus parceiros, mas sinaliza interesse na atividade de balanços entre Luiz e a professora quando engatinha na direção da dupla que brinca, segura nas costas da professora para se erguer e se aproximar dos parceiros. Esses movimentos do garoto deflagram sua entrada na brincadeira, pelas intenções da professora assumidas verbalmente ("agora é Igor!") e gestos que executa (traz o garoto pra frente de seu corpo, segura em suas mãos e começa a balançá-lo pra frente e pra trás).

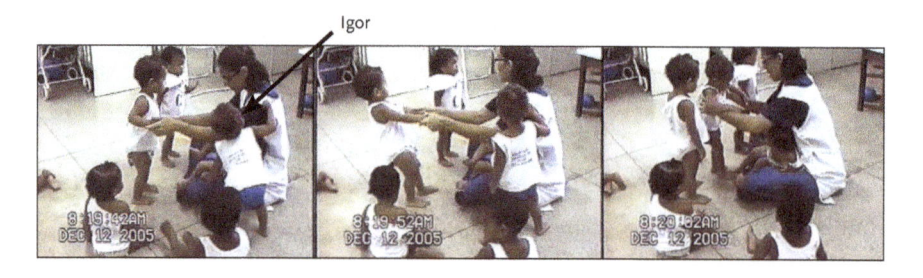

Lara (20 meses) se aproxima, olha para Igor e para a professora, senta-se diante da dupla que brinca, mostrando-se orientada para os parceiros. A professora reage, introduzindo Lara no jogo assim que conclui a brincadeira de balançar Igor, comunicando-lhe suas intenções de tê-la brincando junto.

Lara

Como se faz notar nas ações e reações das crianças, os seus sinais comunicativos foram emergindo a partir da atenção dirigida ao outro e sustentados por recursos corporais. No desenrolar da situação interativa, a professora mostrou-se atenta e intérprete dos sinais comunicativos das crianças, compondo com o grupo infantil um repertório de informações que permitiu a ordem de entrada de cada uma na brincadeira proposta.

Dessa forma, o ato motor integra um sistema compartilhado de significados que insere a criança em práticas culturais por meio das quais ela vai expressando suas disposições emocionais e cognitivas em resposta às pistas fisionômicas, posturais, entonacionais e outros sinais comunicativos advindos do parceiro, conforme observamos nas (re)ações das crianças que participaram da experiência apresentada. Nesse sentido, a expressividade da criança tem um poder de contágio social, fruto de uma perspectiva particular, um modo próprio de ela se relacionar com o mundo e indicar suas disposições íntimas para o encontro com o outro. Esse aspecto é de grande relevância no seu desenvolvimento, pois é através da dimensão corporal que a criança elabora as primeiras significações de si, do outro e do mundo.

A criança pequena pode ser apoiada nessa tarefa de ingresso na cultura, sendo estimulada pela professora quando o adulto reconhece e explora a multiplicidade de funções e manifestações de seus gestos, interpretando os recursos de que ela lança mão para se comunicar, também em ocasiões planejadas e propostas. Quando comentam sobre suas práticas, duas professoras nos mostram como as crianças aprendem a utilizar seus recursos expressivos em danças e brincadeiras com músicas que incrementam as interações sociais, alegram o ambiente e ampliam as possibilidades de a criança interagir, através do movimento, e expressar-se, usando gestos, expressões faciais e balanços do corpo:

> No período junino, observei Josuel (5 meses) balançando o seu corpo pra frente e pra trás no meu colo, enquanto eu cantava com o grupo a música "Cai, cai, balão" (Prof.ª Maria do Carmo Sousa / CMEI Recife 2000).
>
> Cantamos músicas que exigem o movimento que também é uma forma de linguagem. Elas [as crianças] participam com o corpo, assim: quando começo a mexer com a cabeça, várias crianças colocam a mão na cabeça; quando canto mexendo muito a boca, eles mexem a boca; quando canto a música que fala que a aranha subiu e caiu, coloco a mão no alto e começo a descer até o chão, os bebês começam a imitar o ato de cair, com os braços (Prof.ª Yasmin Katarinne de Santana / CMEI Jordão Baixo).

Ao lado das capacidades expressivas advindas do movimento, a criança realiza importantes conquistas no plano da sustentação corporal e no domínio de suas ações. Vale lembrar que a criança vai adquirindo autonomia motora que lhe permite participar de atividades corporais propostas pela professora, por meio da imitação, por exemplo, ajustando suas possibilidades expressivas à situação proposta pelo adulto. Também ela amplia suas competências corporais quando cria movimentos sem a condução da professora, a exemplo de quando balança o corpo em ritmos variados ou repetitivos para descobrir o efeito de suas ações, para experimentar diferentes respostas às sensações que o efeito de seus movimentos produz ou para se divertir se remexendo, dançando com parceiros. Dessa forma, ela aproveita inúmeras possibilidades para aprimorar suas competências corporais, ampliar suas possibilidades de explorar o mundo, o próprio corpo, expressar-se e interagir por meio do uso sofisticado de gestos.

É na interação com diferentes parceiros e em distintas oportunidades de exploração do contexto físico da unidade educacional que a criança desenvolve seus recursos expressivos e aprimora o uso de gestos, mímicas e movimentos do corpo de modo cada vez mais intencional, possibilitando que ela atue de maneira cada vez mais autônoma em relação ao domínio de seus atos. A coordenadora pedagógica Kelma amplia nossas reflexões quando comenta que

> incentivar as crianças, desde bebês, com relação à linguagem corporal, é de fundamental importância para seu desenvolvimento. Atividades como rolar, pular, sentar, saltar, engatinhar, entre outras, desenvolvem várias capacidades e são atividades motoras bastante prazerosas para as crianças (Coordenadora pedagógica Kelma de Souza Leão / Creche Dr. Albérico Dornelas Câmara).

A criança pequena pode se envolver no aprendizado prazeroso da sua autonomia motora e expressividade comunicativa, mediada pelo adulto que organiza situações capazes de mobilizar o seu interesse, criando um clima agradável e convidativo à exploração. A esse respeito, outras professoras nos mostram como acontece nas unidades educacionais em que elas atuam:

> Realizo atividades envolvendo músicas (gestos e movimentos), locomoção no espaço, criando obstáculos com os colchonetes ou rolos do berço, uso o espelho para o trabalho com expressividade, descoberta de si e de seus amigos. Preparo a sala para a criança engatinhar dentro do minhocão ou com a bola, espalho objetos para o manuseio, faço brincadeiras de roda com aqueles que já andam, brinco de serra-serra-serrador, ofereço objetos sonoros para eles explorarem (Prof.ª Edite Xavier / CMEI Professor Paulo Rosas).
>
> Gosto de apreciar o desenvolvimento da criança e a sua criatividade no movimento de explorar as caixas de papelão, nos potes utilizados para construção de torres, no jeito de brincar com mímicas e movimentos do corpo, ouvindo músicas infantis e clássicas (Prof.ª Ana Maria de Souza / CMEI Casinha Azul).
>
> A linguagem do corpo pode ser explorada através de músicas que possibilitam os movimentos dos diversos membros do corpo, através de contação de histórias em que podemos fazer com as crianças os gestos que estão sendo relatados na história, através de movimentos corporais como: levantar-se, deitar-se, chutar, jogar, subir, descer, por exemplo (Prof.ª Thaís Cybelle Ferreira / Creche Comunitária Hotelzinho Futuro Brilhante).

Outras possibilidades que a criança encontra para se desenvolver são aquelas advindas da organização espacial do ambiente quando a professora pode estruturar o espaço com objetos geradores de um conjunto de propostas desafiadoras que permitam que a criança examine e amplie seus recursos motores quando, por exemplo, estica o braço para tentar pegar um móbile ou alcançar um objeto pendurado, manipula brinquedos de diferentes tamanhos, cores e texturas, experimente andar segurando no mobiliário, participe de brincadeiras de faz-de-conta, por exemplo. A seguir, apresentaremos o movimento em outras situações didáticas organizadas pelas professoras, imbricado com as linguagens artísticas.

O movimento em outras atividades artísticas

Na unidade educacional, a criança encontra várias oportunidades de apropriação dos significados expressivos do movimento e amplia seus recursos motores em manifestações culturais, através de brincadeiras e atividades socialmente envolventes, conforme nos contam suas professoras:

> A professora deve proporcionar às crianças experiências de compartilhar músicas com alegria e sensibilidade. Ela pode propor brincadeiras de imitação, danças em ritmos diversificados e brincadeiras sonoras, escutar canções de diversos entornos, produzir sons, mexer com objetos sonoros e instrumentos musicais, usando o corpo e a voz nesses momentos bastante ricos para o desenvolvimento expressivo das crianças (Coordenadora pedagógica Kelma de Souza Leão / Creche Dr. Albérico Dornelas Câmara).
>
> Um momento muito rico é a hora das cantigas de diferentes ritmos: as crianças se movimentam sozinhas ou com os colegas (Prof.ª Elaine Galdino / Creche Comunitária Centro Social Guararapes).
>
> As linguagens artísticas podem ser exploradas quando a gente coloca as crianças em contato com os diversos gêneros de músicas, fazendo com que elas percebam o ritmo, se ele está lento ou mais acelerado (Prof.ª Thaís Cybelle Ferreira / Creche Comunitária Futuro Brilhante).

Cantigas de diferentes ritmos permitem que a criança experimente diferentes sensações, amplie o seu repertório de saberes do mundo sociocultural e aprimore seus recursos expressivos, conforme demonstraram as professoras. Nessa trilha de proposições, a professora Tatiana nos revela suas ideias e formas de atuação, fortalecendo nosso comentário:

> A música, os sons que podemos produzir com o corpo, o "tirar" som dos objetos de sala, todo este universo exprime ritmo, permite a expressão corporal da criança através de seus gestos. Elas [crianças] gostam quando eu bato palmas e vou inventando histórias cantadas que envolvam o nome delas, em situações vividas no cotidiano, assim: Danilo tomou o leite todinho e vai ficar mais gordinho! Mateus vai lavar bem o seu pé para não ficar com chulé! E assim por diante... (Prof.ª Tatiana Barros / CMEI Novo Pina).

Na descoberta de suas possibilidades expressivas, a criança amplia sua comunicação, explora movimentos ajustados a um ritmo ou ações, incentivada pela professora que planeja ocasiões de imitação. Nesse caso, um modelo é oferecido à criança e ela vai expressando suas ideias na participação proposta, emparelhando os próprios gestos, mímicas e movimentos, num exercício estimulante de aprender a identificar as expressões comunicativas do outro e respondê-las por meio de seus ajustes corporais e vocais. Nosso argumento ganha visibilidade nos comentários e proposições das professoras:

> Trabalhar com músicas, fantoches e dança é maravilhoso! A criança pode aprender a imitar e participar dos gestos, dos movimentos e das expressões das outras crianças e também da professora que está cantando e se movimentando e daí ela escolhe se faz de acordo com a professora ou, então, escolhe dançar do jeitinho dela (Prof.ª Heraclides Santiago / Creche Comunitária Jardim das Oliveiras).

> A professora pode colocar as crianças em círculo e contar historinhas com o fantoche ou com boneco(a) em que o personagem vivencia várias ações (cai, levanta, bate palmas, bate o pé, chora, sorri, canta, abraça, beija, dança, dorme, come, solta beijo), sempre falando o nome da ação vivida no momento. A historinha pode ser alguma já conhecida em que podemos

acrescentar algumas ações ou até ser criada na hora. Percebo que esta atividade chama bastante a atenção dos bebês. Em outros momentos, observamos que eles ficam com o fantoche ou boneco na mão, repetindo algumas ações que eles observaram no momento da atividade (Prof.ª Flávia Karina Vitor Cabral / CMEI de Afogados).

As observações de outras professoras indicam novas possibilidades de ampliação dos recursos expressivos da criança, de um jeito animado e que pode incluir a participação ativa do adulto:

> Observo que o uso da dramatização desperta a vontade de participação das crianças, além disso, a utilização de fantoche ajuda as crianças a criarem estórias e contarem da maneira delas (Prof.ª Elaine Galdino / Creche Comunitária Centro Social Guararapes).

> Quando levo o teatro e os fantoches para dentro da sala, eles ficam supercuriosos e prestando atenção na história que eu conto, apesar de não movimentar o fantoche junto comigo, no início. A movimentação acontece quando eu entrego para eles os fantoches e eles colocam a mão dentro, daí eles deixam de ser telespectadores, para serem artistas. Vão para detrás do teatro, tentam colocar o fantoche dentro do braço e, com isso, vão imitando o som dos animais igual a mim e, dessa forma, eles também participam "contando" a história. Às vezes, me caracterizo de Chapeuzinho Vermelho para contar a história na sala: eles gostam muito, ficam atentos aos movimentos e à história que vou contando e adaptando ao tempo de concentração e interesse deles (Prof.ª Yasmin Katarinne de Santana / CMEI Jordão Baixo).

> Na Bienal do Livro passada, o CMEI Novo Pina adquiriu umas lindas máscaras de matelassê. São grandes, coloridas e representam vários animais: porco, cachorro, lobo, galinha, vaca. Também tem personagens de histórias, como a vovó, o lobo e o caçador. Gosto de colocá-las e fazer a performance correspondente ao enredo da história ou imitando o som dos animais. As crianças se divertem e não têm medo, nem da máscara do lobo que acho muito assustadora! Elas ficam atentas, riem e batem palmas, mesmo as mais novas (Prof.ª Tatiana Barros / CMEI Novo Pina).

Na aproximação progressiva de uso cada vez mais intencional de seus gestos, a criança parece aproveitar e curtir os jogos teatrais e brincadeiras de faz-de-conta que a professora organiza, de modo a compor com ela um conjunto de ações que lhes possibilitem sua ação instrumental e a expressão de suas ideias e sentimentos através de marcas simbólicas do mundo sociocultural no qual interage. Nosso argumento ganha interlocução com as falas das professoras:

> Contação de história também é cultura: o figurino, a maquiagem, os objetos, o som e a luz são elementos que compõem a linguagem teatral e que deixam as crianças superinteressadas e estimuladas (Coordenadora pedagógica Kelma de Souza Leão / Creche Dr. Albérico Dornelas Câmara).

> As crianças participam ativamente das atividades teatrais, demonstrando interesse nas cores do figurino, nos sons e, principalmente, nos gestos dos personagens. Quando trabalhamos com os sons de animais, por exemplo, as crianças se integram de forma intensa: brincam de ser animais, utilizando o seu corpo! (Prof.ª Ana Cláudia do Vale / CEMEI Padre Lourenço).

Nas brincadeiras de faz-de-conta, a criança encontra oportunidades de apreender e partilhar significados, criar enredos e reapresentar suas tramas através de seus movimentos, vocalizações e posturas, conforme nos conta a professora Maria José:

> Aureane [12 meses] pega para brincar uma colher de plástico e um prato e começa a brincar de bater no chão com os objetos. Logo que a observei, aproximei-me e comecei a brincar de dar comida a uma boneca. Ela me olhou, sorriu e passou a dar "comidinha" à boneca, também, botando a colher na boca do brinquedo e mexendo a sua boca como se estivesse mastigando (Prof.ª Maria José de Oliveira / CMEI de Afogados).

CAPÍTULO 4
EXPANDINDO SABERES DO UNIVERSO SOCIOCULTURAL

Tacyana Karla Gomes Ramos

A criança vai se inserindo no meio sociocultural, interagindo e examinando a diversidade de hábitos, de situações, de lugares, de produtos artísticos e técnicos existentes nas manifestações da cultura nas quais ela tem a chance de participar.

Quando comentam sobre sua atuação, as professoras nos mostram que a criança participa de atividades e situações que alargam o contato com o repertório de valores, de crenças e de (re)conhecimento das características do seu grupo social, favorecendo a sua inserção na cultura, através de diferentes possibilidades que podem ser bem planejadas e adequadas às possibilidades de atuação e interesses das crianças. A inserção dos bebês nas atividades coletivas da unidade educacional e na exploração desse espaço e do seu entorno, por exemplo, são apontadas como experiências necessárias ao desenvolvimento de noções a respeito das pessoas, do grupo social e de relações humanas, conforme comenta uma professora:

> Incluir o berçário em todos os projetos vivenciados na creche e adaptar as atividades para esta faixa etária é indispensável para ampliar as aprendizagens socioculturais das crianças. Acho importante passear pelo ambiente da unidade educacional e em seu entorno com a criança para que ela possa ampliar seu universo cultural e conhecer outras pessoas e lugares. A criança pode ir andando ou, mesmo, no braço da professora (Prof.ª Kelly Cristina da Silva / Creche Municipal Saber Viver).

A interação com objetos, adultos e outras crianças de diferentes idades permite várias construções e gera um campo de oportunidades para a criança, progressivamente, ir elaborando ideias sobre fatos, fenômenos e situações sociais observadas. Esse percurso de apropriação de saberes e representações do mundo histórica e cientificamente elaboradas se consolida e se amplia no contato com uma diversidade de experiências que permitam que a criança observe, apreenda e partilhe ideias, explore o espaço, o contato com a natureza, a mistura de ritmos e sons, as danças e outras manifestações artísticas do seu entorno, examine os sabores advindos da culinária regional, por exemplo, circunscritos pelos valores e práticas de sua época. As crianças se aproximam dos conhecimentos e significados das ciências sociais e naturais, experimentando fazer comparações, testando hipóteses, fazendo escolhas, tomando decisões e expressando ideias. Nesse sentido, ela participa ativamente da construção de conceitos pela sua permanente atitude investigativa.

Ao lado dessas ideias, os temas geradores de trabalhos coletivos, que podem ser realizados em conjunto com outras crianças de diferentes agrupamentos da unidade educacional, permitem a definição de conteúdos, a seleção do recorte temático, os objetivos e a sequência de atividades a serem desenvolvidas, conforme demonstram os depoimentos das professoras:

> Procuro proporcionar atividades que estimulem a curiosidade das crianças em relação ao mundo físico e social. Assim, o berçário está sempre envolvido nos projetos da unidade educacional como, por exemplo: o projeto *Poetas recifenses* deixou o grupo interessado pelas músicas de ritmo agitado, interpretadas por Chico Science. Nesse projeto, o berçário visitou o mangue próximo ao CMEI, e as crianças viram muitos animais lá durante o percurso: caranguejos, porcos, galinhas, vacas... Muitas crianças apontavam ou gritavam alto, com sorrisos de alegria para os animais. Assim, foi um passeio muito gostoso. Com o tema *Meio ambiente*, as crianças foram estimuladas a observar árvores próximas ao CMEI, ouvir e dançar ao som das músicas de Luiz Gonzaga que falavam do cuidado com o ambiente e, também, acompanharam as outras crianças que foram plantar pau-brasil próximo ao rio. Elas gostaram muito, pois saíram para observar e interagir com o entorno do CMEI e conhecer

mais coisas do mundo ao redor de si (Prof.ª Ana Rosa Varela Buarque / CMEI Sementinha do Skylab).

As crianças participam de momentos de integração com os outros grupos do CMEI (*Bom-dia* e *Boa-tarde*) no qual se tem iniciado os projetos desenvolvidos na unidade educacional, como por exemplo: o *Projeto de adaptação*, no qual escolhemos o circo como tema em que eram apresentadas, a cada semana, personagens circenses e vivenciávamos tal temática no contexto da sala, e assim por diante. No *Projeto de poesia*, iniciamos no mês de abril, *Procurando a poesia no mar e encontramos a ciranda*, enfocamos os poetas pernambucanos, como Lia de Itamaracá, ouvimos músicas e dançamos ciranda. Em junho, continuamos *Procurando a poesia, encontraremos o forró*, "trazendo" Luiz Gonzaga, com suas músicas e danças para o berçário (Prof.ª Edite Xavier / CMEI Professor Paulo Rosas).

Procuro trabalhar com comidas típicas de nossa cultura nordestina, para que a criança conheça vários tipos de sabores, as cores dos alimentos, a textura da comida (é "mole", é pastosa, é sólida, é espessa, é "rala") ou utilizando músicas, tais como forró, frevo, samba e outras de diferentes ritmos (Prof.ª Thaís Cybelle Ferreira / Creche Comunitária Hotelzinho Futuro Brilhante).

Em paralelo ao projeto pedagógico coletivo que é realizado na creche, introduzo músicas populares como aquelas do Quinteto Violado e Silvério Pessoa. Os sons, ritmos, cirandas, maracatus, cavalo-marinho aguçam os sentidos da criança para a experimentação dessa multiculturalidade. Outro dia, cheguei na sala caracterizada de "burrinha manhosa" para apresentação no CMEI de uma peça no baile do menino-deus e eles gostaram muito. Ninguém chorou quando me viu toda pintada e fantasiada (Prof.ª Tatiana Barros / CMEI Novo Pina).

O acesso das crianças ao repertório histórico ganha novos contornos com o resgate de canções de diferentes épocas e estilos, quando as professoras revisitam a infância e comunicam o resultado de suas memórias para o grupo infantil, assim:

> Todos os dias sentamos e cantamos músicas do nosso repertório cultural e sempre que algum adulto da sala se lembra de alguma música da sua infância, traz para ser introduzida no repertório

musical do berçário que vai se ampliando (Prof.ª Flávia Karina Vitor Cabral / CMEI de Afogados).

A professora Jacqueline amplia nossos comentários quando nos mostra como as crianças podem ser incentivadas nas explorações com objetos e texturas que ampliam suas experiências com sensações visuais e cinestésicas, brincando de explorar propriedades de materiais, como por exemplo a consistência e a temperatura de uma tinta caseira:

> Com a intenção de visualização gráfica das ações lúdico-pedagógicas realizadas pelas crianças do berçário, desenvolvemos atividades com tinta caseira para que as crianças pudessem imprimir marcas em papéis através do uso das mãos, pés, dedo e outras partes do corpo. Também aproveitamos a produção para decorar as caixas da sala, usadas para as brincadeiras de empilhar e derrubar. Expomos nossas "doces marcas" para a visitação de outros grupos de crianças, pais e comunidade escolar. Foi uma oportunidade rica de observação e registro de momentos interativos de crianças, preferências e afinidades entre parceiros, descobertas durante a realização da sequência de atividades propostas (Prof.ª Jacqueline Oliveira / Creche Professor Francisco do Amaral Lopes).

PARTE IV
FLASHES DO COTIDIANO

Parte IV Flashes do cotidiano 119

JEITO DE DORMIR

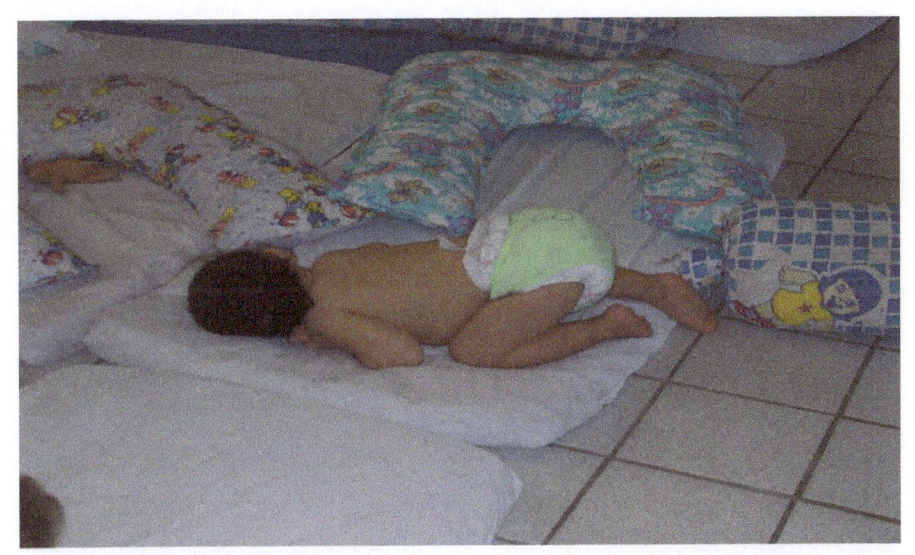

Com o bumbum para cima. CMEI Esperança

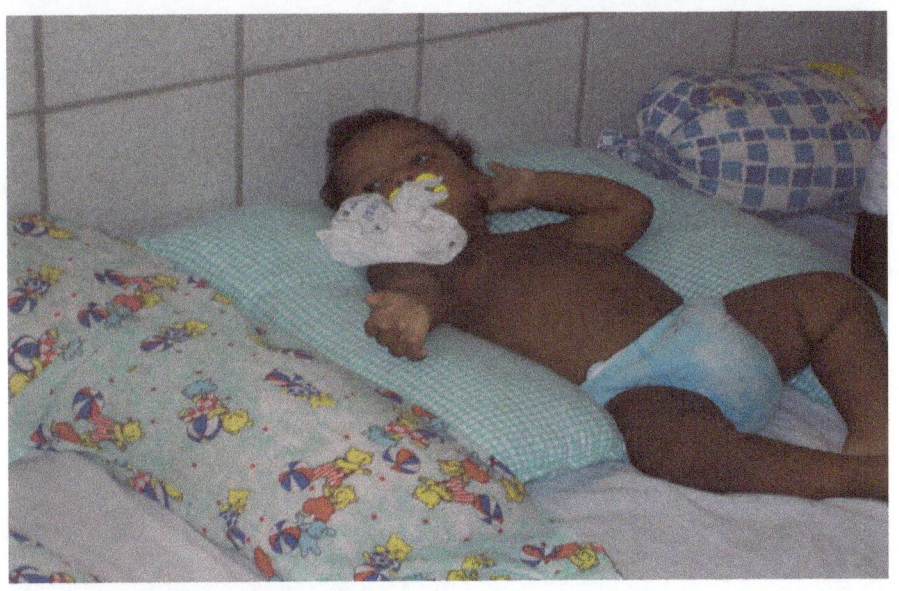

Com chupeta e enrolando o cabelo. CMEI Esperança

JEITO DE CUIDAR

CMEI Sementinha do Skylab

CMEI Sementinha do Skylab

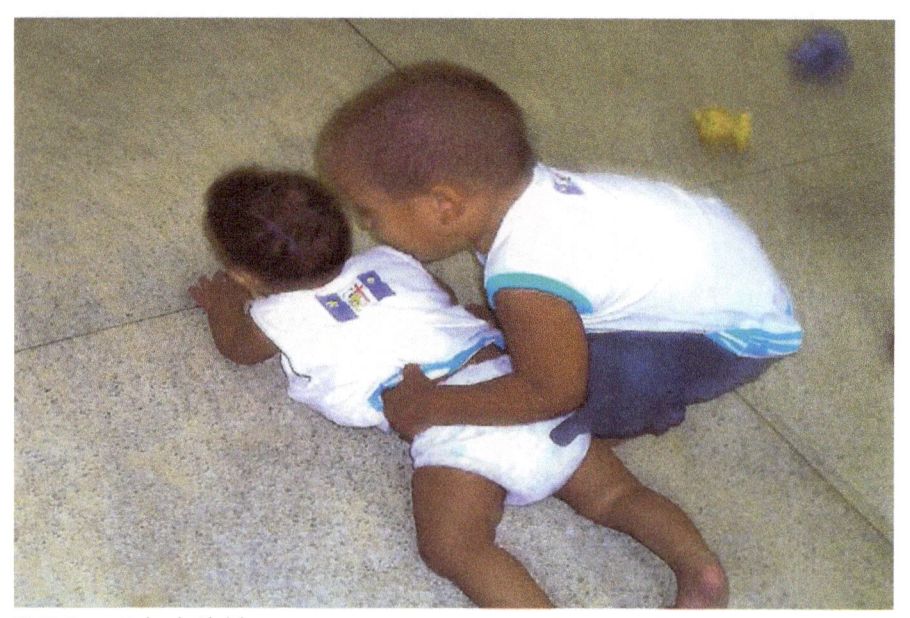

Parte IV Flashes do cotidiano 121

FINGINDO TELEFONAR

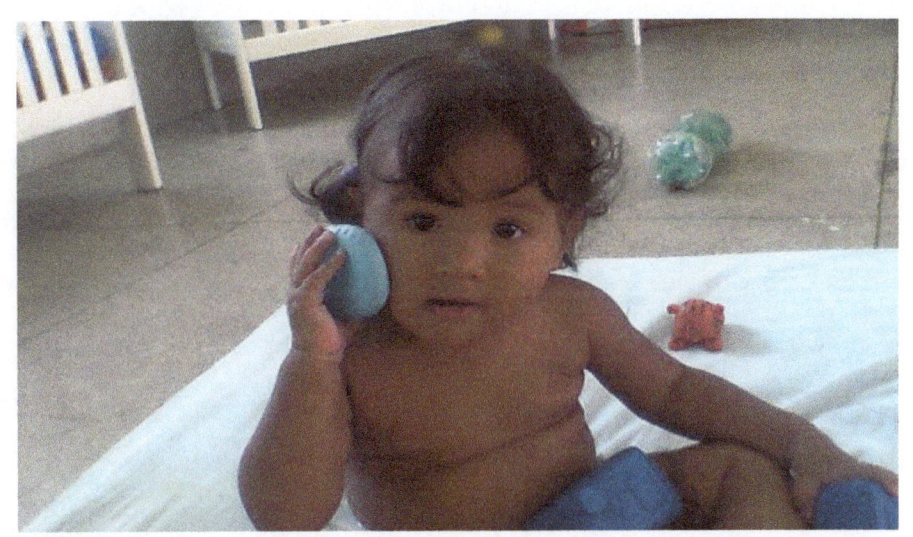

CMEI Recife 2000

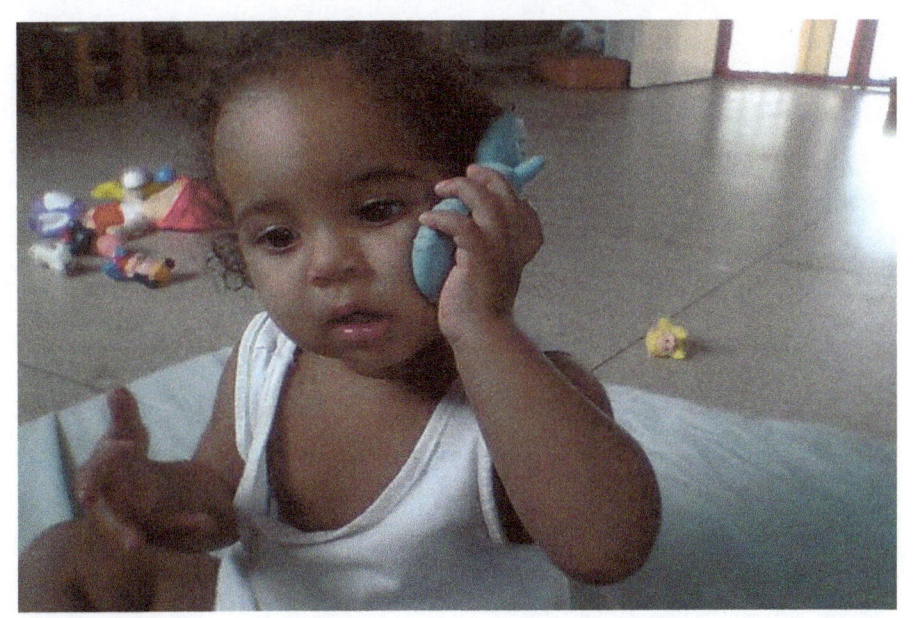

CMEI Recife 2000

EMPILHANDO COM O OUTRO

CMEI Novo Pina

CMEI Novo Pina

BRINQUEDOS E MATERIAIS PARA SE DIVERTIR

Brincando de casinha

CMEI da Mangueira

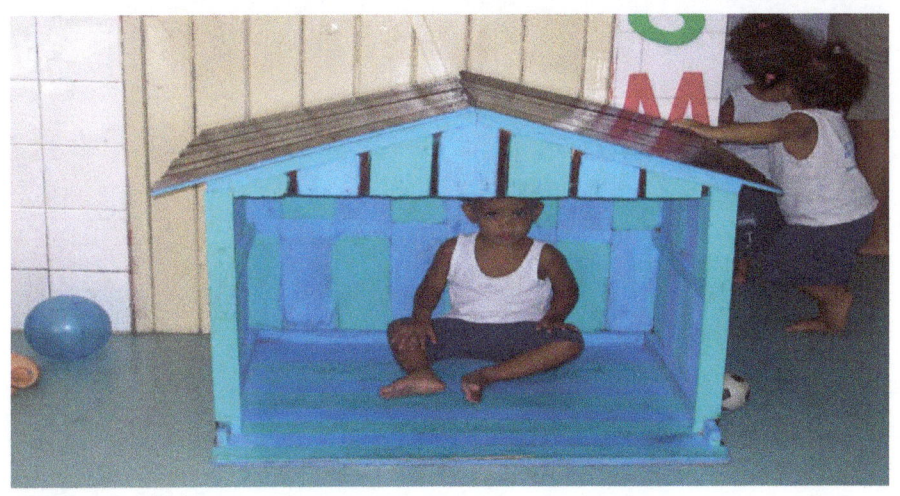

CMEI da Mangueira

Manipulando brinquedos

CMEI da Mangueira

CMEI da Mangueira

Parte IV Flashes do cotidiano

Subindo e descendo

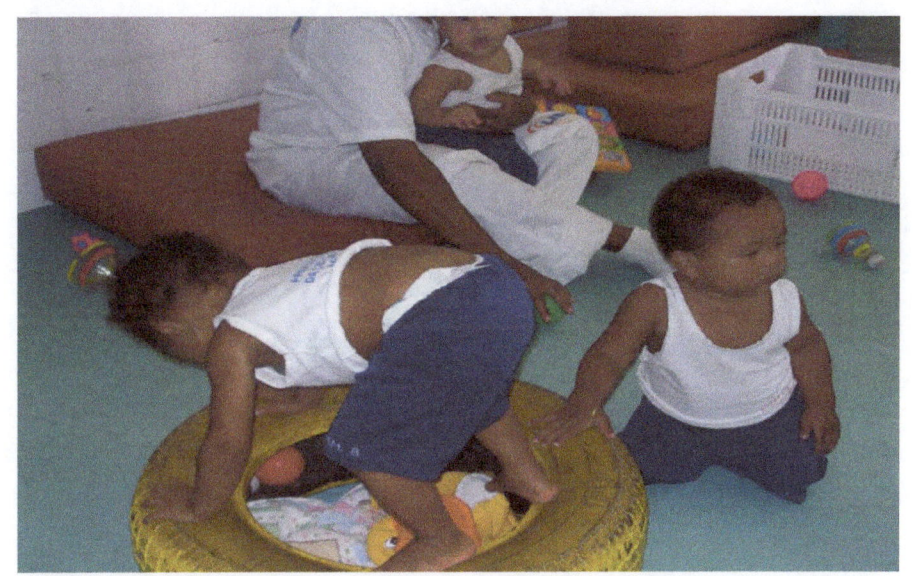

CMEI da Mangueira

CMEI da Mangueira

Examinando imagens de livros

CMEI da Mangueira

CMEI da Mangueira

Parte IV Flashes do cotidiano   127

Brincando de contar histórias

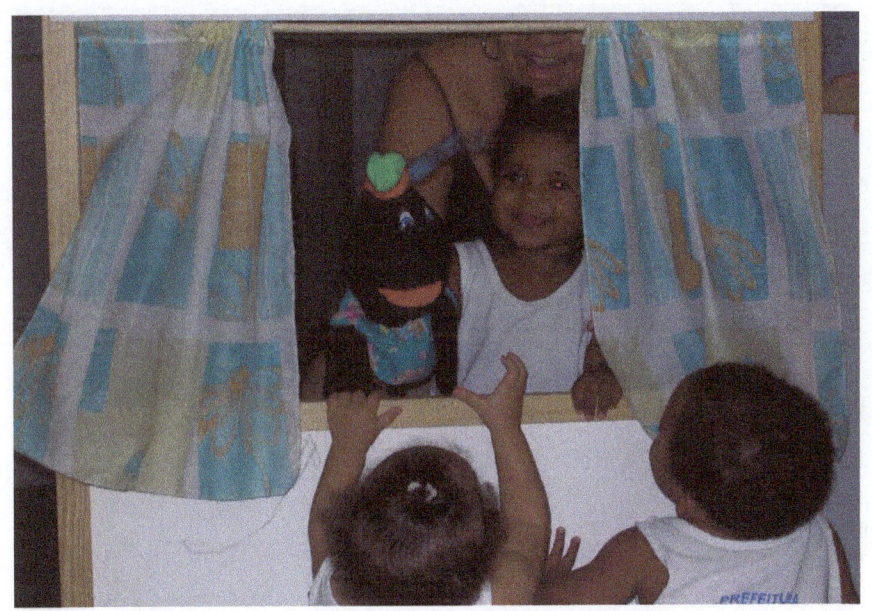

CMEI da Mangueira

Jogando bola

CMEI Nosso Senhor Jesus do Bonfim

Entrando e saindo do túnel

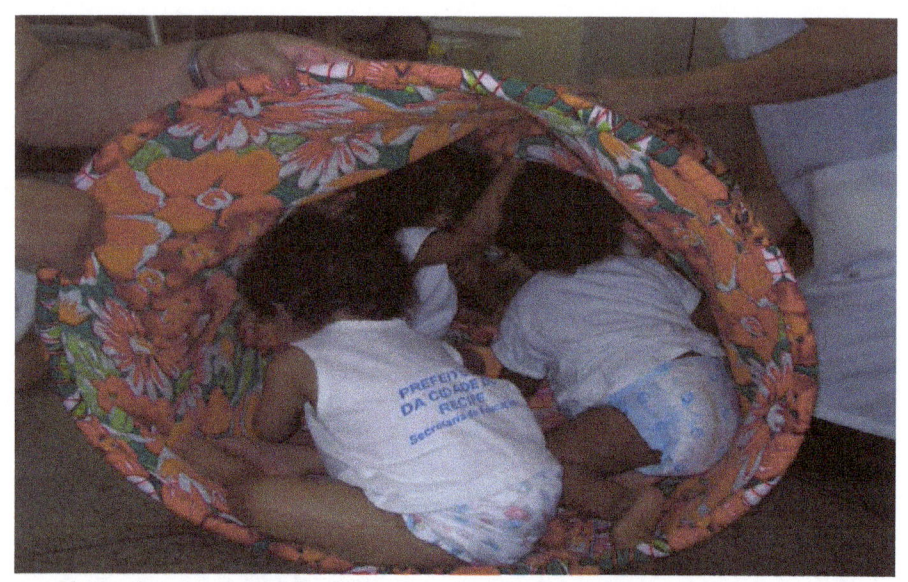

CMEI É Lutando que se conquista

CMEI É Lutando que se conquista

Parte IV Flashes do cotidiano   129

EXPLORANDO A TINTA DE MAISENA

CMEI Professor Paulo Rosas

CMEI Professor Paulo Rosas

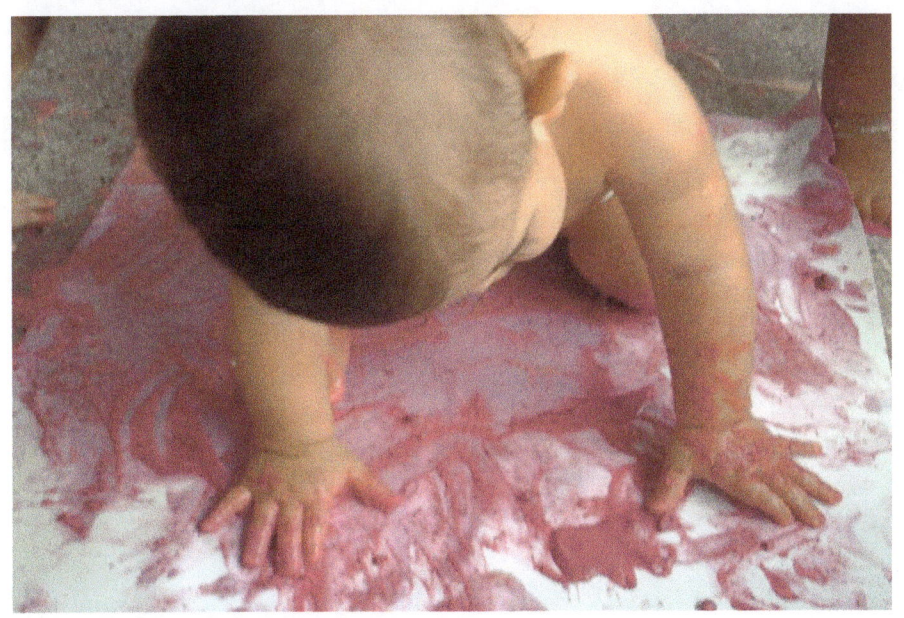

PARTE V

OUVINDO RELATOS, TECENDO IDENTIDADES E SABERES CONSTRUÍDOS NA FORMAÇÃO DE PROFESSORAS DE BEBÊS

Esses viveres: olhar
Esses olhares: tecer
Esses teceres: contar
Esses contares: viver
(Francisco Marques, 2000)

CAPÍTULO 1

AFINAL, PARA QUE FORMAR PROFESSORAS QUE ATUAM EM BERÇÁRIOS?

Ester Calland de Sousa Rosa
Tacyana Karla Gomes Ramos

Tomando posição no debate nacional acerca das especificidades de ensino-aprendizagem com crianças do berçário e que saberes específicos são necessários para o atendimento educacional com qualidade a esse grupo etário, emerge a necessidade de definir objetivos e estratégias de formação continuada para os profissionais que organizam a intervenção pedagógica junto a crianças no primeiro ano de vida. Para tanto, torna-se relevante a questão dos conteúdos e dispositivos de formação disponibilizados aos professores numa rede pública de ensino, como é o caso do Recife, onde a professora de berçário é integrante do Grupo Ocupacional Magistério, podendo atuar desde o berçário até o 5º ano do Ensino Fundamental de nove anos e tendo as mesmas vantagens e regime de trabalho estabelecidos no plano de cargos e carreira municipal.

Nesse contexto, são reconhecidos a identidade e o papel dos profissionais da Educação Infantil na gestão de ações que respeitem as especificidades do desenvolvimento da criança, exigindo objetivos e programações de atividades contextualizadas nas peculiaridades dessa fase de desenvolvimento humano. Legitima-se um perfil de atuação profissional para o professor enquanto sujeito que reconhece a dimensão política e educativa de seu fazer e parceiro crítico-reflexivo na implementação da qualidade na educação à criança do berçário.

Entende-se, ainda, que professores que atuam com bebês precisam ter conhecimentos peculiares ao desenvolvimento da criança nessa faixa etária, haja vista a finalidade da Educação Infantil, expressa inclusive nas Diretrizes Curriculares Nacionais para a Educação Infantil e nos Parâmetros de Qualidade para a Educação Infantil (BRASIL, 1999; 2006), qual seja, o desenvolvimento integral da criança desde o primeiro ano de ingresso nessa modalidade da Educação Básica.

A formação continuada é uma demanda profissional e um direito de todos os educadores, já que a função docente supõe um constante olhar crítico sobre o trabalho pedagógico e a consequente renovação dos saberes docentes (KRAMER, 1995; PIMENTA, 1999; TARDIF, 2002; FREITAS, 2005). Em particular, ao situar a atuação de professores com bebês, essa demanda ganha contornos específicos. Isso porque é necessário romper com a lógica que identifica a educação de crianças dessa faixa com o cuidado materno, o que implica uma compreensão de que não seria necessária uma formação profissional para educar crianças nessa faixa etária.

Pode-se afirmar, portanto, que está em processo a constituição de uma identidade profissional de professoras que atuam com bebês, o que supõe conhecimentos advindos das teorias do desenvolvimento infantil e sua apropriação no campo educacional, o que exige, por sua vez, a elaboração de saberes docentes no campo da transposição didática (PERRENOUD, 2000; FERREIRA, 2005). Enfim, a prática pedagógica de professoras de bebês precisa servir como ponto de partida e de chegada num processo de formação continuada que a constituição de "teias que alteram o ensino" (HUBERMAN, 2001), a partir da conformação de comunidades de aprendizagem entre os educadores que atuam junto aos bebês em espaços educativos. Dessa linha de argumentação deriva a ideia de que a pessoa do professor em interlocução com seus pares constitui um meio para produzir conhecimentos sobre a profissão docente (NÓVOA, 1991 e 1992).

Formulações defendidas em estudos advindos da perspectiva sociocultural da Psicologia (FENWICH, 2000; ROGOFF, 1990, por exemplo) compartilham formas similares de conceber a ação humana mediada, lançando mão de aprendizagens comunitárias, situadas nas mediações existentes em contextos específicos através da experiência vivida. Essa perspectiva justifica a proposta de formação continuada de grupos específicos, como no caso das professoras berçaristas, considerando que as mediações entre formador e professoras e entre pares precisam ter como tecitura a reflexão da prática pedagógica.

Nessa perspectiva, a identidade profissional está composta por uma dimensão subjetiva, expressa em atitudes, crenças e valores do professor, resultados de relações interpessoais, estrutura social e momento histórico, uma vez que o desenvolvimento da identidade do indivíduo é determinado pelas condições históricas, sociais e materiais dadas, e incluídas também as condições do próprio sujeito (HUBERMAN, 1992).

Castells (2000) amplia nosso argumento quando atribui à identidade coletiva o status de lócus de significação constantemente construída e transformada, marcada pela intensa interação e negociação entre pessoas. Segundo o autor, trata-se de um conjunto de atributos nos quais pessoas ou grupos se reconhecem como participantes, através dos quais significam fatos, acontecimentos, ações e a si mesmos.

Assim, os cursos de formação continuada, pelas suas características de tempo prolongado, convivência, histórias partilhadas e constituição de significados coletivos, podem ser considerados espaços privilegiados na constituição de identidades profissionais promotoras de competências e habilidades, do desenvolvimento da criatividade, da criticidade, da internacionalidade e da autonomia, baseadas em atividades colaborativas que levam a reflexão e mudanças.

Nesse contexto, a ação docente é tomada como produtora de significados, e a formação continuada, como um espaço que possibilita redes comunitárias de investigação e de apropriação de saberes (ROGOFF; MATUSON; WHITE, 1996; FENWICK, 2000). Situada num contexto comunitário de experiências, as relações e significados tecidos durante os encontros de formação potencializam a compreensão da prática na perspectiva de sua transformação e de desenvolvimento profissional (JOLIBERT, 2000) e ampliam o sentido de identidade como pertencimento a uma comunidade de aprendizes (ROGOFF; MATUSON; WHITE, 1996).

Na presente proposta, a análise de recursos sociocomunicativos da criança do berçário ganha possibilidades promissoras de estudo a partir do uso da videogravação como instrumento de investigação que permite o detalhamento e a coerência advindos da repetição sistemática do observado na busca de compreensão do fenômeno alvo de análise (CARVALHO *et al*, 1996). Nessa direção, os dados contidos nos trechos das mídias selecionadas foram vistos ora em velocidade normal, ora acelerada, noutras vezes com a imagem "congelada" momentaneamente ou voltando nas cenas que pareciam conter detalhes reveladores de informações pertinentes ao campo investigado. Nesse contexto, as professoras buscaram examinar as interações das crianças com o coetâneo, explorando expressões faciais / corporais, vocalizações, movimentos que envolveram o outro, ações imitativas e emoções que foram realçados na relação com o parceiro enquanto recursos comunicativos nos processos de regulação de comportamentos e construção de significados partilhados.

Esses procedimentos visaram criar um contexto de aprendizagens que pudesse revelar pistas de aspectos teóricos a serem seguidos, de novas aprendizagens a serem investidas, delimitando as aquisições do grupo que foram sendo acompanhadas através de relatos verbais, escrita de fichas e registros individuais em diários, os quais puderam ser posteriormente analisados.

A escolha da escrita em diários individuais foi eleita como forma de potencializar a análise da prática vivida, a constituição de saberes e o acesso a um corpo elaborado de referências e conhecimentos que o registro oportuniza (BAKHTIN, 2002; KRAMER, 2001). Sendo assim, viabiliza reflexões acerca da constituição das identidades das professoras e significados construídos na sua formação profissional.

Assim, os relatos foram tomados como recurso metodológico para se compreender os modos como as professoras se apropriam de saberes e constroem identidades a partir da investigação coletiva de sua atuação educacional com bebês.

CAPÍTULO 2

O QUE DIZEM AS PROFESSORAS DE BEBÊS SOBRE SEU PROCESSO FORMATIVO?

Ester Calland de Sousa Rosa
Tacyana Karla Gomes Ramos

Entendemos que as intervenções pedagógicas no campo da formação continuada geram conhecimento tanto para os participantes do processo formativo quanto para os formadores. Nesse sentido, o material coletado na forma de relatos orais e escritos, ao longo dos dez meses de encontros com as professoras de bebês, foi categorizado evidenciando as principais características do processo de formação continuada identificadas pelas participantes. No percurso de sua participação no grupo de formação continuada, as professoras foram solicitadas a produzirem diferentes relatos escritos e que serviram de referência para a análise e categorização. Em particular, destacam-se as escritas de cunho avaliativo e produções solicitadas tendo em vista a perspectiva de publicação da experiência (RAMOS; ROSA, 2008).

Os relatos coletados foram agrupados em duas categorias, a saber: como as professoras aprenderam no processo formativo e como essas aprendizagens impactaram, em sua opinião, sua intervenção pedagógica no berçário. Cada uma dessas categorias de análise foi desdobrada, por sua vez, em aspectos enfatizados pelas professoras, conforme exposto por elas.

Aprender ouvindo colegas, compartilhando experiências

No conjunto de relatos analisados, uma dimensão de aprendizagem referida com maior incidência pelas professoras é aquela advinda das oportunidades de trocas interpessoais e de atitudes colaborativas. Nosso argumento ganha visibilidade nas falas das professoras que localizam o contexto social como gerador de oportunidades de coconstruções:

> Para mim está sendo muito gratificante e proveitoso cada encontro de que participo. É muito bom compartilhar e aprender novas experiências (Prof.ª Maria de Lourdes Caetano / Creche Comunitária Nossa Senhora da Boa Viagem).
>
> A maior contribuição da formação é a oportunidade da gente poder compartilhar o que sabe, ouvir a riqueza que vem da fala da colega e se enxergar nela. É poder contribuir na troca de ideias, aprender com o grupo, somar pontos de vistas, dividir opiniões e reinventar o cotidiano (Prof.ª Tatiana Barros / CMEI Novo Pina).

As professoras demonstram em seus relatos uma compreensão acerca de aprendizagens numa perspectiva comunitária semelhante àquela indicada em outros estudos (FENWICH, 2000, por exemplo) em que se consideram como elementos formadores ou mobilizadores de mudança as trocas entre pessoas, circunscrevendo aquisições num campo de ações coletivas.

Congruente com a experiência interpessoal descrita pelas professoras, uma segunda dimensão da aprendizagem é aquela propiciada pelo engajamento com referências conceituais, rodas de leitura e debates coletivos.

Aprender em confronto com referenciais teóricos, lendo textos e conversando sobre eles em grupo

Nesse segundo bloco de experiências de aprendizagens referidas, a partilha de ideias, frutos de leituras e encontros em que se debatiam referências teóricas, mostra-se determinante da forma como as professoras desenvolvem as relações de uso e significação por meio de práticas sociais. A consideração dessas práticas, articuladas ao conceito de letramento, entendido como conjunto de práticas sociais de utilização da leitura como sistema simbólico, em contextos e para finalidades específicas, gera indicadores nos quais a mediação do outro é integrante da compreensão (KLEIMAN, 1995). Além desse aspecto, ressalta-se que se tratava de uma situação de leitura compartilhada, oportunizando a construção de significados no ato de conversar sobre textos e na busca coletiva de sua compreensão (KLEIMAN, 1993): "Acho importante a leitura dos textos e a discussão deles no grupo" (Prof.ª Ana Rosa Varela Buarque / CMEI Sementinha do Skylab).

O contato com textos é enriquecido, nessa perspectiva da mediação humana, na interação e no compartilhamento de significados, o que também passa a oferecer recursos simbólicos que constituem a identidade coletiva do grupo. Essa dimensão se articula, desse modo, com a terceira dimensão apontada pelo grupo, qual seja, a perspectiva de aprender a partir da reflexão crítica sobre a prática.

Aprender refletindo sobre sua prática

As professoras indicam, em diferentes relatos, que a reflexão sobre a prática serve como parâmetro para mudanças necessárias no fazer pedagógico. Em suas palavras:

> Toda análise de nossa prática nos faz crescer e, quando essa análise pode ser coletiva, a troca é inevitável e nos faz crescer mais ainda (Prof.ª Jacqueline Oliveira / Creche Municipal Professor Francisco do Amaral Lopes).
>
> Venho adquirindo novos conhecimentos, confirmando outros, mas o que considero mais importante é que estou mais segura, com liberdade para ousar no sentido de criar, reinventar situações e vivências significativas no berçário (Prof.ª Maria Virgínia / CMEI É Lutando que se Conquista)

Como se evidencia nesses relatos, as professoras ressaltam que a formação continuada passa a fornecer referências para rever a prática, inclusive pelo suporte experimentado na interação grupal. Esses dados estão em consonância com o que apontam estudos sobre o ciclo de vida profissional de professores, quando indicam que é necessário já ter consolidado uma prática e experiência docente para que os professores experimentem, com maior segurança, a implementação de inovações no ensino (HUBERMAN, 1992; ZEICHNER, 1998; ZEICHNER; TABACHNICK, 2001).

As práticas se renovam no confronto com "novas possibilidades de atuação"

Numa primeira perspectiva de análise de possíveis impactos da formação, os aprendizados com modelos funcionam como um quadro de referências através do qual as professoras conferem significados à sua atuação profissional.

Nesse contexto, o comportamento imitativo, revelador da adesão ao modelo, pode ser considerado como um importante canal de significação que pressupõe uma determinada compreensão do significado da ação do outro (Vygotsky, 1995). Partindo dessa compreensão, esse modo de aprender pelo viés imitativo guarda semelhanças com os modos como a criança apreende informações (Wallon, 1986; Vasconcelos, 1996): participando de situações pessoalmente significativas e socialmente envolventes, construindo significados por meio da observação atenta, do exame, da seleção e reinvenção interpretativa das ações do outro social. Nesse sentido, não é mera reprise de atos nem cópia passiva da referência, mas acarreta esforços no estabelecimento de nexos entre eventos ocorridos numa tentativa de compreendê-los.

Especula-se que a imitação cumpre uma função de reconstrução da experiência, podendo desencadear processos de mudanças. Pressupõe-se, portanto, a construção de significados que não existiam previamente, mas que são elaborados na própria ação de imitar que se distancia da reprodução mecânica e desprovida de interpretação.

Assim, o sentido de identidade emerge das formas individuais de apropriação de significados advindos de práticas compartilhadas que são recriadas:

> Essa troca de ideias que acontece no grupo é muito gostosa. Estou aprendendo a ver mais possibilidades de atuação e ir renovando o meu jeito de trabalhar no berçário (Prof.ª Maria de Lourdes Caetano / Creche Comunitária Nossa Senhora da Boa Viagem).
> Sempre surgem novas possibilidades de organização do ambiente pedagógico e sugestões de atividades para a gente fazer na unidade educacional (Prof.ª Ana Rosa Varela Buarque / CMEI Sementinha do Skylab).
> A formação está me tornando mais competente na área de atuação educacional de bebês. Tenho compreendido melhor as

particularidades das crianças desta idade, como se dá o desenvolvimento infantil e como atuar para promovê-lo. Depois dos encontros de estudo a minha atuação ficou cheia de vida! Agora já consigo entender melhor como as crianças se comunicam sem saber falar e como eu posso atribuir significados aos seus gestos, choros, movimentos e participar de interações com elas. Estou aplicando na sala do berçário as sugestões das outras professoras para melhorar minha atuação. Isso facilita o meu trabalho e torna a relação com o grupo de estudo cada vez mais próxima e afetuosa (Prof.ª Yasmin Katarinne de Santana / CMEI Jordão Baixo).

Um olhar renovado para a identidade profissional da professora que atua com bebês, construindo um sentido de integração a um projeto pedagógico mais amplo

A formação é referida como um campo de afirmação de identidade, de elaboração de um sentido de pertencimento a um grupo e que tem um projeto político-pedagógico que dá sustentação à sua prática cotidiana. Nessa direção, a formação não se restringe a um espaço de atualização profissional. Na perspectiva da professora, a (re)descoberta de sua identidade de atuação parece ser influenciada por um olhar crítico, marcado pelas expectativas e conhecimentos disponíveis à educadora que, no interior do grupo de estudo, passa a se reconhecer como profissional articulado ao projeto político-pedagógico do grande grupo de educadores, qual seja, as diretrizes pedagógicas da Rede Municipal de Ensino do Recife (RMER).

A renovação do exercício profissional com bebês destaca-se pelas oportunidades que a formação inaugura, tanto em termos do acesso a novos/específicos conhecimentos sobre a sua atuação como professora de bebês quanto das repercussões que as aprendizagens consolidadas passam a ter na autoestima da professora:

> A abordagem é de grande valia para nossa experiência pedagógica, visto que nós que somos professoras, muitas vezes, achamos que o trabalho que estamos desenvolvendo não está contemplado nas competências instituídas pela RMER. Agora sei que ele está. O que faltava era a compreensão das possibilidades

do trabalho com bebês articulada com a proposta pedagógica da Rede. E essa possibilidade de maior compreensão, além de enriquecer nossas experiências pedagógicas, aumenta muito a autoestima de quem é professora no berçário (Prof.ª Margarida de Melo / Creche Municipal Waldir Savluchinske).

Motivação para renovar a prática

A renovação do exercício profissional gera motivação para o trabalho, pois rompe com o isolamento da sala de aula. A alegria de aprender e o sentimento de que se está crescendo, mudando, também são realçados:

> É chegar no dia seguinte na unidade educacional, cheia de motivação para pôr em prática tudo o que foi compartilhado nos encontros de estudos (Prof.ª Tatiana Barros / CMEI Novo Pina).

> Esses momentos de formação estão sendo riquíssimos, pois o medo inicial que tinha de trabalhar com o grupo de crianças do berçário tornou-se em momentos de aprendizagens prazerosas (Prof.ª Edite Xavier / CMEI Professor Paulo Rosas).

Constata-se, nesses relatos, que a formação continuada impacta na esfera atitudinal, aspecto bastante desafiador para os formuladores de políticas de formação continuada em larga escala, como é o caso aqui relatado. Isso porque o caráter compulsório desses programas por vezes interfere negativamente nessa dimensão, tornando o espaço da formação palco para manifestações de desagrado quanto à gestão educacional, ofuscando o seu foco na qualificação das práticas de ensino.

O olhar sensível para a criança, que passa a ser parceira da organização didática da professora

Evidencia-se, ainda, nos relatos das professoras, a construção de um olhar competente sobre as capacidades infantis e crítico na gestão de propostas alçadas das reuniões de estudos e transpostas para o cotidiano da instituição:

> E a gente pode ver a nossa prática ir mudando e a gente se vê mudando junto, se tornando mais sensível, competente e atenta às manifestações sociocomunicativas das crianças e com um olhar mais crítico para a atuação pedagógica que desenvolve (Prof.ª Tatiana Barros / CMEI Novo Pina).

A cada dia venho aprendendo, não só na formação, mas também com as próprias crianças que considero as personagens principais da minha atuação. São as crianças que vão me mostrando os caminhos da prática que precisam ser seguidos no dia a dia quando observo que elas estão felizes, participativas das atividades que proponho, entusiasmadas com os brinquedos ou colegas que escolhem para brincar ou quando eu organizo a sala para favorecer momentos de interações e que elas aproveitam muito (Prof.ª Edite Xavier / CMEI Professor Paulo Rosas).

Com isso, estou explorando e participando cada vez mais de momentos interativos com elas. E o mais importante é que eu sou adulta, mas estou aprendendo, com as crianças, como é que elas se desenvolvem e descobrindo, com elas, um mundo inacabável de coisas e possibilidades para serem descobertas (Prof.ª Thaís Cybelle Ferreira / Creche Comunitária Hotelzinho Futuro Brilhante).

Apropriação de conteúdos específicos do referencial teórico e conteúdo debatido no processo de formação

Nosso argumento pode ser demonstrado a partir da análise de um episódio interativo videogravado apresentado a seguir, alçado do portfólio da professora Ana Rosa Varela Buarque (CMEI Sementinha do Skylab), que é revelador de suas aquisições e rico em detalhes do referencial teórico que dá sustentação ao exame dos recursos sociocomunicativos dos bebês por ela empreendida, explicitando a sua compreensão sobre o investigado:

> A brincadeira surgiu a partir de uma criança que ia trazendo caixas e empilhando-as. A professora terminou entrando na brincadeira e outras crianças também. A imitação funcionou como forma de engajamento social e pôde facilitar que as crianças compreendessem o tema da brincadeira do grupo. Podemos ver como os gestos foram ganhando significação a partir da interpretação dos parceiros e como a professora foi acolhendo cada ação das crianças na construção da brincadeira coletiva, incentivando e apoiando as atitudes do grupo.

A partir dos registros, a professora demonstra conhecer o papel da imitação como recurso comunicativo não verbal; recursos sociocomunicativos utilizados pelas crianças na emergência e compartilhamento de significados; e os indicadores do contexto social do ambiente pedagógico favorável às iniciativas sociocomunicativas das crianças que explicam os conteúdos analisados. Demonstra, ainda, a apropriação do referencial conceitual que foi tematizado no processo formativo, com uso consistente da terminologia em um contexto pertinente.

Concluímos do exposto que a possibilidade de registrar a sua atuação profissional e o seu desenvolvimento em relatos pôde desvelar as percepções das professoras, viabilizar aprendizagens compartilhadas e delinear os resultados da participação de cada docente em redes interpessoais, marcadas pela reciprocidade, pela motivação, pela convivialidade e por atitudes colaborativas, frutos de um processo de formação que desdobrou-se numa trajetória processual de aquisições, conferindo um tom pessoal ao percurso coletivo de aprendizagens.

Sob essa ótica, a vivência de momentos de formação viabiliza que a professora se reconheça como sujeito pensante e sensível, capaz de criar, inventar espaços de escuta para a prática, fortemente agregados ao agir, frutos do trabalho coletivo. Nessa perspectiva, os significados produzidos e as identidades coletivas consolidadas geram indicadores de que a professora se reconhece capaz de relacionar-se com seus pares e de encontrar soluções criativas para os desafios emergentes de sua atuação, "reencontrando-se com suas histórias de vida e de profissão" (Pinazza, 2004, p. 381).

A formação, nessa perspectiva, causa impactos na constituição de valores e direcionamento ético frente ao desafio de uma educação com qualidade à criança pequena. Permite que cada professora revisite sua prática e se reconheça noutras, num movimento que abre espaço para questionamentos, enxerga avanços, reconhece limites, desafios e possibilidades a serem construídas coletivamente. Mostra-se como um contexto promissor de reorganização da prática profissional em parceria com a criança, numa trajetória que propicia produção de conhecimentos, compartilhamentos e participação ativa em tudo que é exploração, afeto, animação, encantamento, descoberta. No dizer de Quintás (2002, p. 20-21): "Se você deseja saber o que significa ser criativo deve exercitar frequentemente a escuta do convite dos valores e assumi-los em sua vida. [...] Isso acontece sempre que é realizada uma experiência de participação."

QUEM TECEU OS FIOS E AS IDEIAS

Não foi de uma vez que tudo ficou pronto. As falas e os saberes foram se inscrevendo e ganhando novos olhares a cada visita de (re)elaboração do texto. Finalmente, ele ganhou uma escrita final, mas continua provisório, pronto para ser remexido, acrescido, subtraído, transformado, esperando um interlocutor que lhe atribua novos significados.

Muita gente teceu os fios e as ideias desta trama até aqui.

CRÉDITOS DAS IMAGENS

Crianças da Rede Municipal de Ensino do Recife integrantes das seguintes instituições:

CMEI É Lutando que se Conquista
CMEI Esperança
Creche Municipal Novo Horizonte
CMEI Sementinha do Skylab

OS PARCEIROS NA AUTORIA DESTE PORTFÓLIO

A professora Tacyana Karla Gomes Ramos, à época aluna do Doutorado em Educação da Universidade Federal de Pernambuco (UFPE), foi a responsável pela organização didática das reuniões de estudo e pelo acompanhamento dos registros de aprendizagens das professoras de bebês. Ela escreveu a narrativa deste portfólio e sistematizou, em conjunto com as professoras, os depoimentos que integram esta publicação.

A equipe da Gerência de Educação Infantil, principalmente a professora Íris Oliveira, colaborou na escolha das imagens para nossa publicação e acompanhou com empenho as reuniões de estudo com as professoras.

A leitura atenta e proposições de (re)construção deste portfólio foram realizadas pela professora Dr.ª Ester Calland Rosa, à época Diretora de Ensino e Formação Docente da Rede Municipal de Ensino do Recife (RMER).

A professora Valdélia Nunes de Oliveira, gerente de Educação Infantil do município, acompanhou a trajetória desta publicação e nos auxiliou neste trabalho através de valiosos comentários.

Contamos com a parceria da professora Dr.ª Maria Isabel Pedrosa, pesquisadora do Desenvolvimento Infantil, vinda da Universidade Federal de Pernambuco (UFPE), para a escrita do capítulo "Vamos observar cuidadosamente a criança".

Professoras que atuam em berçários da Rede Municipal de Ensino do Recife (RMER)

Ana Cláudia M. do Vale. Atua no berçário desde 2000. Possui graduação em Administração e Especialização em Docência do Ensino Superior.

Ana Maria de Souza. Atua no berçário desde 2003. Possui graduação em Pedagogia e Especialização em Arte-Educação.

Ana Rosa Marinho Varela Buarque. Atua no berçário desde 2007. Possui graduação em Letras e Especialização em Literatura Infantojuvenil.

Cibele Maria Albuquerque de Castro. Atua no berçário desde 2003. Possui Licenciatura em História e Especialização em Coordenação Pedagógica.

Clarice de Sá Novaes Carvalho. Atua no berçário desde 2005. Possui graduação em Ciências Agrárias.

Edite Xavier P. da Silva. Atua no berçário desde 2007. Possui graduação em Pedagogia e Especialização em Psicopedagogia.

Flávia Karina Vitor Cabral. Atua no berçário desde 2006. Possui graduação em Pedagogia.

Jailza de Souza Lima. Atua no berçário desde 2000. Possui graduação em Pedagogia.

Jacqueline Maria P. M. de Oliveira. Atua no berçário desde 1998. Possui Licenciatura em Biologia e Especialização em Ecologia.

Kelly Cristina Almeida da Silva. Atua no berçário desde junho de 2008. Possui graduação em Pedagogia e Especialização em Educação Infantil.

Giovanna Pumilia Maltese Neta. Atuou no berçário até julho de 2008. Possui graduação em Pedagogia e Especialização em Educação Especial.

Ladyclaire Pavão da Silva. Atua no berçário desde 2003. Possui graduação em Pedagogia.

Manuela Ramos. Atua no berçário desde março de 2008. É estudante de Normal Médio na modalidade Magistério.

Márcia Lopes Xavier. Atua no berçário desde 2006. Possui graduação em Pedagogia e Especialização em Psicopedagogia.

Margarida Maria de Melo. Atua no berçário desde 2001. Possui graduação em Psicologia.

Maria de Fátima Cerquinho Cajueiro. Atua no berçário desde 2006. Possui graduação em Pedagogia e Especialização em Educação Infantil.

Maria do Carmo Sousa. Atua no berçário desde janeiro de 2008. Possui graduação em Pedagogia e Especialização em Psicopedagogia.

Maria José de Oliveira Fonseca. Atua no berçário desde 1995. Possui graduação em Letras e Especialização em Linguística Aplicada ao Ensino da Língua Portuguesa.

Maria Virgínia Batista Wanderley. Atua no berçário desde 2000. Possui graduação em Psicologia e em Educação Artística.

Rejane Oliveira de França. Atua no berçário desde 2002. Possui graduação em Letras e Especialização em Educação Especial.

Roberta R. dos Santos. Atua no berçário desde fevereiro de 2007. Possui Licenciatura em Matemática e Mestrado em Educação.

Sabrina Maria Gomes de Souza. Atua no berçário desde 2007. É estudante da graduação em Pedagogia.

Silvana Cristina Ratis Felipe. Atua no berçário desde janeiro de 2003. Possui graduação em Secretariado, Especialização em Psicopedagogia e está cursando graduação em Psicologia.

Suzana Vilela Costa. Atua no berçário desde 2003. Possui graduação em Medicina Veterinária.

Yasmin Katarinne A. de Santana. Atua no berçário desde janeiro de 2008. É estudante de Normal Médio na modalidade Magistério.

Tatiana Pereira Barros. Atua no berçário desde 2007. Possui graduação em Ciências Biológicas e Especialização em Zoologia.

Educadoras que atuam em berçários de creches comunitárias conveniadas à RMER

Carmem Célia Passos dos Prazeres. Atua no berçário desde 1995. Possui formação em Normal Médio na modalidade Magistério.

Cícera Gomes Barbosa. Atua no berçário desde 2001. Possui formação em Normal Médio na modalidade Magistério.

Elaine Galdino dos Santos. Atua no berçário desde 2007. Possui formação em Normal Médio na modalidade Magistério.

Heraclides Santiago. Atua no berçário desde o início de 2008. Possui formação em Normal Médio na modalidade Magistério.

Jaqueline do Monte Silva. Atua no berçário desde 2003. Possui formação em Normal Médio na modalidade Magistério.

Silvania Monte Silva. Atua no berçário desde fevereiro de 2008. Possui formação em Normal Médio na modalidade Magistério.

Thaís Cybelle Ferreira. Atua no berçário desde fevereiro de 2007. Possui formação em Normal Médio na modalidade Magistério.

Coordenação pedagógica da creche que atende aos filhos dos funcionários da Prefeitura Municipal do Recife

Kelma Maria Mulatinho de Souza Leão. Atua na coordenação da Creche Dr. Albérico Dornelas Câmara e acompanha as ações do berçário desde 2007. Possui graduação em Pedagogia e Especialização em Psicopedagogia.

REFERÊNCIAS

ALBUQUERQUE, C. P. *et al.* Diálogo entre experiências. In: HERNÁNDEZ F.; SANCHO, J. M. *A prática profissional como espaço de pesquisa*. Barcelona: Centro de Estudios sobre el Cambio en la Cultura y en la Educación, 2007.

ALMEIDA, L. S.; ROSSETTI-FERREIRA, M. C. Indicadores afetivos do processo de vinculação entre bebês e educadoras de creche. In: CAMAROTTI, M. C. (Org.). *Atendimento ao bebê* – uma abordagem interdisciplinar. São Paulo: Casa do Psicólogo, 2001.

AMORIM, K. S.; VITÓRIA, T.; ROSSETTI-FERREIRA, M. C. Rede de significações: perspectiva para a análise de inserção de bebês na creche. *Cadernos de pesquisa*, 109: 2000. p. 115-144.

ANJOS, A. M. dos *et al*. Interações de bebês em creche. *Estudos de Psicologia*, Natal, n. 9, p. 513-522, 2004.

BAKHTIN, M. *Marxismo e filosofia da linguagem*. 9. ed. São Paulo: Hucitec; Annablume, 2002.

BRASIL. Conselho Nacional da Educação. *Diretrizes curriculares nacionais para educação infantil*. CNE/CEB. Parecer n. 20/2009. Brasília, DF: 2009.

BRASIL. Ministério da Educação. *Parâmetros de qualidade para a educação infantil*. v. 1 e 2. Brasília, 2006.

BUSSAB, V. S. R. Da criança ao adulto – o que faz do ser humano o que ele é? In: CARVALHO, A. M. (Org.). *O mundo social da criança: natureza e cultura em ação*. São Paulo: Casa do Psicólogo, 1999. p. 17-31.

BUSSAB, V.; PEDROSA, M. I.; CARVALHO, A. M. A. Encontros com o outro: empatia e intersubjetividade no primeiro ano de vida. *Psicologia USP*, v. 18, p. 99-132, 2007.

CAMMAIONI, L. *L'Interazione tra bambini*. Tradução adaptada e resumida por Ana Maria Almeida Carvalho. Roma: Armando, 1980.

CARVALHO, A. M.; BERALDO, K. E. A. Interação criança-criança: o ressurgimento de uma área de pesquisa e suas perspectivas. *Cadernos de Pesquisa*, São Paulo, n. 71, p. 55-61, nov. 1989.

CARVALHO, A. M. A.; PONTES, F. A. R.; PEDROSA, M. I. Cultura no grupo do brinquedo. *Estudos de Psicologia*, v. 7, n. 1, 2002.

CARVALHO, A. M. A.; PEDROSA, M. I. Precursores filogenéticos e ontogenéticos da linguagem: reflexões preliminares. *Revista de Ciências Humanas*, Florianópolis, v. 34, p. 219-252, 2003.

CARVALHO, A. M. A.; PEDROSA, M. I. Comunication in early infancy: Some reflections from an evolutionary perspective. In: BRANCO, A.; VALSINER, J. (Ed.). *Communication and metacommunication in human development*. Greenwich: Information Age Publishing, 2004. p. 83-105.

CARVALHO, A. M. A. et al. Registro em vídeo na pesquisa em Psicologia: reflexões a partir de relatos de experiência. *Psicologia: Teoria e Pesquisa*, v. 12, n. 3, p. 261-26, set.-dez. 1996.

CASTELLS, M. *O poder da identidade*. São Paulo: Paz e Terra, 2000.

COELHO, M. T. F.; PEDROSA, M. I. Faz-de-conta: construção e compartilhamento de significados. In: OLIVEIRA, Z. de M. R. (Org.). *A criança e seu desenvolvimento: perspectivas para se discutir a Educação Infantil*. São Paulo: Cortez, 1995. p. 51-65.

FAZENDA, I. *Integração e interdisciplinaridade no ensino brasileiro*. São Paulo: Loyola, 1979.

FENWICK, T. J. Expanding conceptions of experiential learning: A review of the five contemporary perspectives on cognition. *Adult Education Quarterly*, v. 50, n. 4, p. 243-272, 2000.

FERREIRA, A. T. B. Os saberes docentes e sua prática. In: FERREIRA, A. T. B.; ALBUQUERQUE, E. B. C.; LEAL, T. F. *Formação continuada de professores*. Belo Horizonte: Autêntica, 2005. p. 51-64.

FRANCO, M. A. S. Pesquisa-ação crítico-colaborativa: construindo seu significado a partir de experiências com a formação docente. *Educação e Pesquisa*, v. 31, n. 3, p. 483-502, set./dez. 2005.

FREIRE, M. Memória: eterna idade. *Diálogos* (Publicação do Espaço Pedagógico), São Paulo, v. II, n. 5, jul. 1999.

FREITAS, A. S de. Os desafios da formação de professores no século XXI: competências e solidariedade. In: FERREIRA, A. T. B.; ALBUQUERQUE, E. B. C.; LEAL, T. F. *Formação continuada de professores*. Belo Horizonte: Autêntica, 2005. p. 11-32.

FREITAS, M. T. de A. Nos textos de Bakhtin e Vygotsky: um encontro possível. In: BRAIT, Beth (Org.). *Bakhtin, dialogismo e construção do sentido*. Campinas: Editora da Unicamp, 2001.

GERALDI, C. M. G.; MESSIAS, M. G. M.; GUERRA, M. D. S. Refletindo com Zeicher: um encontro orientado por preocupações políticas, teóricas e epistemológicas. In: GERALDI, C. M. G.; FIORENTINI, D.; PEREIRA, E. M A. (Org.). *Cartografias do trabalho docente: professor(a)-pesquisador(a)*. Campinas: Mercado de Letras/Associação de Leitura do Brasil – ALB, 1998. p. 237-276. (Coleção Leituras do Brasil)

HUBERMAN, M. O ciclo de vida profissional de professores. In: NÓVOA, A. (Org.) *Vidas de professores*. Porto: Porto Editora, 1992. p. 31-62.

HUBERMAN, M. Networks that alter teaching conceptualisations, exchanges and experiments. In: SOLER, J.; CRAFT, A.; BURGESS, H. (Ed.). *Teacher development: Exploring our practice*. London: Paul Chapman Publication; The Open University, 2001. p. 141-159.

IBIAPINA, I. M. L. de M. *Pesquisa colaborativa: investigação, formação e produção de conhecimentos*. Brasília: Liber Livro Editora, 2008.

JOLIBERT, J. Mejorar o transformar "de veras" la formación docente? Aspectos críticos y ejes clave. *Lectura y Vida*, Ano 21, n. 3, set. 2000.

KLEIMAN, A. B. Modelos de letramento e as práticas de alfabetização na escola. In: KLEIMAN, A. (Org.) *Os significados do letramento: uma nova perspectiva sobre a prática social da escrita*. Campinas: Mercado de Letras, 1995. p. 15-61.

KLEIMAN, A. B. *Oficina de leitura: teoria e prática*. Campinas: Pontes, 1993.

KRAMER, S. *Alfabetização, leitura e escrita: formação de professores em curso*. Rio de Janeiro: Papéis e Cópias da Escola de Professores, 1995.

KRAMER, S. Escrita, experiência e formação – múltiplas possibilidades de criação de escrita. In: CANDAU, V. M. (Org.). *Linguagens, espaços e tempos no ensinar e aprender*. Rio de Janeiro: DP&A, 2001.

MARQUES, Francisco. *Galeio*. São Paulo/Belo Horizonte: Editora Multiplicadora e Espalhadeira, 2000.

MOURA, M. L. S. de (Org.). *O bebê do século XXI e a psicologia em desenvolvimento*. São Paulo: Casa do Psicólogo, 2004.

NADEL, J.; BAUDONNIÈRE, P. M. Imitação, modo preponderante de intercâmbio entre pares, durante o terceiro ano de vida. *Cadernos de Pesquisa*, v. 39, p. 26-31, 1981.

NÓVOA, A. Os professores – quem são? Donde vêm? Para onde vão? In: STOER, S. (Org.). *Educação, ciências sociais e realidade portuguesa: uma abordagem pluridisciplinar*. Porto: Afrotamento, 1991. p. 59-130.

NÓVOA, A. *Os professores e sua formação*. Lisboa: Dom Quixote, 1992.

OLIVEIRA, Z. M. R. Interações infantis em creche e a construção de representações sociais de gênero. In: PEDROSA, M. I. (Org.). *Investigação da criança em interação social*. Coletâneas da ANPEPP, v. 1, n. 4, set. 1996.

OLIVEIRA, Z. M. R.; ROSSETTI-FERREIRA, M. C. O valor da interação criança-criança em creches no desenvolvimento infantil. *Cadernos de Pesquisa*, v. 87, p. 62-70, 1993.

PEDROSA, M. I. A emergência de significados entre crianças nos anos iniciais de vida. In: PEDROSA, M. I. (Org.). *Investigação da criança em interação social*. Coletâneas da ANPEPP, v. 1, n. 4, set. 1996.

PEDROSA, M. I. *Interação criança-criança*: um lugar de construção do sujeito. Tese (Doutorado em Psicologia) – Instituto de Psicologia, Universidade de São Paulo, São Paulo, 1989.

PERRENOUD, P. *Dez novas competências para ensinar*. Porto Alegre: Artes Médicas Sul, 2000.

PIMENTA, S. G. (Org.). Pesquisa-ação crítico-colaborativa: construindo seu significado a partir de experiências com a formação docente. *Educação e Pesquisa*, v. 31, n. 3, p. 521-539, set./dez. 2005.

PIMENTA, S. G. *Saberes pedagógicos e atividade docente*. São Paulo: Cortez, 1999.

PINAZZA, M. A. A Educação Infantil em suas especificidades. In: GERALDI, C. M. G.; RIOLFI, C. R.; GARCIA, M. de F. (Org.). *Escola viva: elementos para a construção de uma educação de qualidade social*. Campinas: Mercado das Letras, 2004.

QUINTAS, P. Managing knowledge in a new century. In: LITTLE, S.; QUINTAS, P.; RAY, T. (Eds.). *Managing knowledge* – An essential reader. London: The Open University & SAGE Publications Ltd, 2002.

RAMOS, T. K. G. *Investigando o desenvolvimento da linguagem no ambiente pedagógico da creche: o que falam as crianças do berçário?* Dissertação (Mestrado em Educação) – Centro de Educação, Universidade Federal de Pernambuco, Recife, 2006.

RAMOS, T. K. G.; ROSA, E. C. de S. (Org.). *Os saberes e as falas de bebês e suas professoras.* Recife: Fundação de Cultura Cidade do Recife, 2008. (Série Portfólio Pedagógico, 3).

ROGOFF, B. *Apprenticeship in thinking*: cognitive development in social context. New York: Oxford University Press, 1990.

ROGOFF, B.; MATUSOV, E.; WHITE, C. Models of teaching and learning: Participation in a community of learners. In: OLSON, D.; TORRANCE, N. (Ed.). *The handbook of education and human development: New models of learning, teaching and schooling.* Cambridge: Blackwell Publishers, 1996. p. 125-132.

ROSSETTI-FERREIRA, M. C. et al. A incompletude como virtude: a interação de bebês na creche. *Revista de Psicologia Reflexão e Crítica*, Porto Alegre, v. 16, n. 2, 2003.

ROSSETTI-FERREIRA, M. C.; AMORIM, K. S.; SILVA, A., P. S.; CARVALHO, A. M. A. *Rede de significações e o estudo do desenvolvimento humano.* Porto Alegre: Artmed, 2004.

SÃO PAULO. Secretaria Municipal de Educação. Diretoria de Orientação Técnica. *Orientações Curriculares: expectativas de aprendizagens e orientações didáticas para a Educação Infantil.* São Paulo: SME / DOT, 2007.

TARDIF, M. *Saberes docentes e formação profissional.* Petrópolis: Vozes, 2002.

TOMASELLO, M. *Origens culturais da aquisição do conhecimento humano.* São Paulo: Martins Fontes, 2003.

TRIPP, D. Pesquisa-ação crítico-colaborativa: construindo seu significado a partir de experiências com a formação docente. *Educação e Pesquisa*, v. 31, n. 3, p. 443-466, set./dez. 2005.

VASCONCELOS, M. I. de M.; RAMOS, T. K. G. (Org.). *Educação Infantil no Recife: relatos e práticas do processo de formação continuada dos educadores.*

Recife: Fundação de Cultura Cidade do Recife, 2008. (Série Cadernos da Educação Municipal, 3)

VASCONCELOS, V. M. R. Wallon e o papel da imitação na emergência de significado no desenvolvimento infantil. In: PEDROSA, M. I. (Org.). *Investigação da criança em interação social*. Coletâneas da ANPEPP, v. 1, n. 4, set. 1996.

VYGOTSKY, L. S. (1931) *O desenvolvimento psicológico na infância*. São Paulo: Martins Fontes, 1995.

WALLON, H. (1975) Ausência de planos distintos no pensamento da criança. In: WEREBE, M. J. G.; NADEL-BRULFERT, J. (Org.). *Henri Wallon*. São Paulo: Ática 1986a. (Coleção Grandes Cientistas Sociais, 52) WALLON, H. (1945) Imitação e representação. In: WEREBE, M. J. G.; NADEL- BRULFERT, J. (Org.). *Henri Wallon*. São Paulo: Ática 1986b. (Coleção Grandes Cientistas Sociais, 52) (1934).

WALLON, H. *A evolução psicológica da criança*. *Lisboa*: Persona, 1968.

WALLON, H. (1934) A expressão das emoções e seus fins sociais. In: WALLON, H. *As origens do caráter na criança: os prelúdios do sentimento de personalidade*. São Paulo: Difusão Europeia do Livro, 1971. p. 89-94. WEREBE, M. J.; NADEL-BRULFERT, J. *Henri Wallon*. São Paulo: Ática, 1986.

ZABALZA, M. A. *Didática de la Educación Infantil*. Narcea: Madrid, 1987.

ZEICHNER, K. M. Para além da divisão entre professor-pesquisador e pesquisador acadêmico. In: GERALDI, C. M. G.; FIORENTINI, D.; PEREIRA, E. M. A. (Org.) *Cartografias do trabalho docente: professor(a)-pesquisador(a)*. Campinas: Mercado de Letras/Associação de Leitura do Brasil – ALB, 1998. p. 207-236. (Coleção Leituras do Brasil)

ZEICHNER, K. M.; TABACHNICK, B. R. Reflections on reflective teaching. In: SOLER, J.; CRAFT, A.; BURGES, H. (Org.). *Teacher development: Exploring our own practice*. London: PCP/The Open University, 2001. p. 72-87.

Textos usados nas reuniões de estudo

COELHO, M. T. F.; PEDROSA, M. I. Faz-de-conta: construção e compartilhamento de significados. In: OLIVEIRA, Z. de M. R. (Org.). *A criança e seu desenvolvimento: perspectivas para se discutir a Educação Infantil*. São Paulo: Cortez, 1995. p. 51-65.

GOMES, M. R. V. C. S. Entre o livre e o didático: o papel do lúdico na escola de Educação Infantil. In: COSTA, M. de F. V.; COLAÇO, V. de F. R.; COSTA, N. B. *Modos de brincar, lembrar e dizer: discursividade e subjetivação*. Fortaleza: UFC Edições, 2007. p. 140-156.

RAMOS, T. K. G. *Investigando o desenvolvimento da linguagem no ambiente pedagógico da creche: o que falam as crianças do berçário?* Dissertação (Mestrado em Educação) – Centro de Educação, Universidade Federal de Pernambuco, Recife, 2006.

ROSSETTI-FERREIRA, Maria Clotilde (Org.). *Os fazeres na Educação Infantil*. São Paulo: Cortez, 1998.

ZABALZA, A. M. *Qualidade na Educação Infantil*. Porto Alegre: Artmed, 1998.

Vídeos geradores dos debates

ANJOS, A. M. dos; AMORIM, K. de S.; ROSSETTI-FERREIRA, M. C. *Bebê interage com bebê?* Brasil/Português. USP/Ribeirão Preto, 2007. Instituição promotora/financiadora: CINDEDI/FFCLRP/USP-CNPq.

MELLO, A. M.; ROSSETTI-FERREIRA, M. C. *O fazer do bebê*. 10 min. Brasil/Português. USP/Ribeirão Preto, 2007. Instituição promotora/financiadora: FAPESP/USP-CNPq.

PANTONI, R. V.; ROSSETTI-FERREIRA, M. C.; MELLO, A. M.; VASCONCELOS, C. R. F. *Nanando na creche*. 08 min. Brasil/Português. USP/Ribeirão Preto, 2002. Instituição promotora/financiadora: FAPESP/USP-CNPq.

VASCOCELOS, C. R. F.; CARVALHO, M. I. C.; ROSSETTI-FERREIRA, M. C. *Um ambiente para a infância*. 08 min. Brasil/Português. USP/Ribeirão Preto, 2002. Instituição promotora/financiadora: FAPESP/USP-CNPq.

ROSSETTI-FERREIRA, M. C.; VITÓRIA, T. *Quando a criança começa a frequentar a creche*. 13 min. Brasil/Português. USP/Ribeirão Preto, 1991. Instituição promotora/financiadora: FAPESP/USP-CNPq.

Este livro foi composto com tipografia Minion e impresso
em papel Offset 75 g/m² na Formato Artes Gráficas.